Lynn Austin

ICH ENTDECKE GOTT IN DEN KLEINEN DINGEN

Lynn Austin

Ich entdecke Gott in den kleinen Dingen

Francke

Über die Autorin:
Lynn Austin ist eine weltweit bekannte Bestsellerautorin. Mit Titeln wie „Die Apfelpflückerin", „Luisas Töchter" oder „Im Sand der Erinnerung" schrieb sie sich in die Herzen ihrer Leser. Sie wurde für ihre historischen Romane achtmal mit dem Christy Award ausgezeichnet, dem bedeutendsten christlichen Romanpreis in den USA, und ist eine gefragte Rednerin bei Tagungen und Konferenzen. In Deutschland gilt sie als die beliebteste christliche Romanautorin. Lynn und ihr Mann haben drei Kinder großgezogen und leben in Holland, Michigan. Mehr erfahren Sie unter www.lynnaustin.org.

MIX
Papier aus verantwortungsvollen Quellen
FSC® C083411
FSC www.fsc.org

Bibliografische Information der Deutschen Nationalbibliothek
Die Deutsche Nationalbibliothek verzeichnet diese
Publikation in der Deutschen Nationalbibliografie;
detaillierte bibliografische Daten sind im Internet
über http://dnb.dnb.de abrufbar.

2. Auflage 2021
ISBN 978-3-96362-160-4

This book was first published in the United States
with the title *Sightings*

35037 Marburg an der Lahn
Deutsch von Dorothee Dziewas
Umschlagbilder: © iStockphoto.com / andersboman
Umschlaggestaltung: Francke-Buch GmbH / Christian Heinritz
Satz: Francke-Buch GmbH
Druck und Bindung: CPI books GmbH, Leck – Germany

www.francke-buch.de

Inhalt

Liebe Leserinnen und Leser,

eine der erstaunlichsten und tröstlichsten Verheißungen, die Jesus uns gibt, ist diese: »*Ihr dürft sicher sein: Ich bin immer bei euch, bis das Ende dieser Welt gekommen ist!*« (Matthäus 28,20). Aber in der Hektik unseres Alltags, bei all den Herausforderungen und Überraschungen, vor denen wir oft stehen, spüren wir die Nähe Christi nicht immer. Wir vergessen, all die kleinen Botschaften zu bemerken, die er uns sendet, um uns daran zu erinnern, dass er an unserer Seite ist, auf uns achtgibt und alle Dinge zu unserem Wohl und zu seiner Ehre in ein herrliches Ganzes verwandelt.

Wie wäre es, wenn wir versuchen würden, in unserem ganz normalen Alltag dieses Gespür für seine Gegenwart zu haben, anstatt Gott auf unseren Gottesdienst am Sonntagmorgen oder unsere tägliche Stille Zeit zu beschränken? Was, wenn wir zu Hause und bei der Arbeit und überall, wo wir sind, nach ihm Ausschau hielten? Dieses Buch ist aus einem Versuch heraus entstanden, genau das zu tun. Ich habe darin meine Gedanken und Überlegungen gesammelt, die ich mit Gott in den ganz alltäglichen Momenten meines Lebens gemacht habe. Und ganz allmählich wurde ich sensibel dafür, überall Zeichen seiner Erlösung zu erkennen! Und mich selbst so zu sehen, wie er mich sieht – als sein Kind, das wertvoll und seiner Liebe würdig ist.

Vielleicht können meine Einsichten Sie sensibel dafür machen, wie Jesus auch in Ihrem Alltag zu finden ist. Denn egal, was unser Tag auch bringen mag, wir können uns an die Wahrheit klammern, dass wir immer in Gottes Hand sind.

Gott segne Sie,
Lynn Austin

»Du, Herr, bist alles, was ich habe; du gibst mir,
was ich zum Leben brauche.
In deiner Hand liegt meine Zukunft.
Ich darf ein wunderbares Erbe von dir empfangen,
ja, was du mir zuteilst, gefällt mir.«

Psalm 16,5-6

1. Spielen, schreiben … und spielen

»Was wir jetzt sind, ist allein Gottes Werk.
Er hat uns durch Jesus Christus neu geschaffen,
um Gutes zu tun. Damit erfüllen wir nun,
was Gott schon im Voraus für uns vorbereitet hat.«

EPHESER 2,10

Ich muss etwas beichten. Obwohl ich in einer Familie von Leseratten aufgewachsen bin – meine Mutter war bei uns im Ort die Bibliothekarin –, habe ich als Kind nicht viel gelesen. Und zum Schreiben konnte ich gar nicht lange genug stillsitzen!

Ich liebte Bücher, wenn jemand sie mir vorlas. Meine Schwester Bonnie hat mir »vorgelesen«, als sie fünf war und ich drei. Und es war schön, wenn meine Mutter uns eine Gute-Nacht-Geschichte vorlas. Meine Großmutter war eine geborene Geschichtenerzählerin, der ich stundenlang zuhören konnte, wenn sie an warmen Sommerabenden von ihrer Kindheit erzählte. Aber ich wollte in meiner Freizeit nicht lesen oder schreiben, sondern lieber spielen und all die spannenden Geschichten in meiner Fantasie nacherleben.

Ich hatte weder die Zeit noch die Geduld, mit einem Buch in der Hand stillzusitzen, wenn ich in die Rolle einer Figur aus der *Schatzinsel* schlüpfte oder meine eigenen Geschichten nachspielte. Ich lebte in meiner Fantasiewelt wie der kleine Junge in dem Cartoon *Calvin und Hobbes*. Sein Plüschtiger war echt, selbst wenn niemand sonst es sehen konnte. Mein Fahrrad war ein echtes Pferd und ich galoppierte damit die Straße entlang, den Wind im Gesicht und mit wehenden Zöpfen.

Ich erfand für meine Schwestern und Freundinnen ausgeklügelte Geschichten, deren Handlung für mehrere Tage reichten. Wir waren Cowboys und Indianer. Wir waren Pioniere, die weite Reisen in ihrem roten Planwagen voller Babypuppen und Vorräte unternahmen. Die Felder und Wälder in der Nähe waren die weite, unerforschte Wildnis, in der wir Piraten begegnen oder vergrabene Schätze finden konnten. Im Sommer schliefen wir in selbst gebauten Zelten im Garten und stellten uns vor, wir wären Forscher auf einer Safari. Der dunkle, unheimliche Keller unseres einhundert Jahre alten Hauses wurde der Schauplatz vieler schauriger Krimis.

Abgesehen von Schulaufgaben schrieb ich nur ein Theaterstück mit dem Titel *Mein altes Haus in Kentucky*. Wir führten es in unserem Garten auf und nahmen von den Kindern aus der Nachbarschaft fünf Cent Eintritt, wenn sie zusehen wollten – mein erstes Schriftstellerhonorar. Ich erinnere mich kaum noch an die Handlung, aber als Sicherheitsbeauftragte der Produktion war es meine Aufgabe, unser Hinterhoftheater bis zur Aufführung vor Spionen zu beschützen.

Ich nahm meinen Job sehr ernst und dachte mir eine haarsträubende Geschichte aus, damit alle Beteiligten wachsam blieben. Ich erzählte allen von einem Mann mit gelbem Hemd, der angeblich in der Nähe herumlungerte und uns ausspionieren wollte. Leider war meine Geschichte so überzeugend, dass ich in unserem Viertel eine regelrechte Panik auslöste, als das Gerücht von dem geheimnisvollen Fremden die Runde machte. Wie sollte ich all den besorgten Erwachsenen erklären, dass es für mich ein riesiger Unterschied war, ob ich eine blühende Fantasie hatte oder aber eine bewusste Lüge erzählte? Eins war jedenfalls klar: Meine ersten Geschichten waren sehr überzeugend.

Dass ich gerne schreibe, habe ich erst mit Mitte dreißig entdeckt. Das war so, als wäre ich nach Hause gekommen, in meine Kindheit zurückgekehrt, denn auf einmal konnte ich wieder in meiner Fantasie leben. Es war fantastisch! Ich konnte wieder alle möglichen Abenteuer erleben, indem ich mich in meine Charaktere hineinversetzte, Geschichten erfand, neue Welten erschuf. Die Recherchen für meine historischen Romane sind etwas, das ich an meinem Schriftstellerinnendasein besonders genieße. Ich reise gerne dorthin, wo meine Charaktere gelebt haben, um zu sehen, was sie gesehen und gerochen und berührt haben. Indem ich an all diesen Orten »spiele«, wird meine Fantasie freigesetzt und kann kreativ werden.

Wenn ich schreibe, lebe ich in meiner Fantasie wie damals als Kind und erfinde Geschichten, die meine Leserinnen und Leser an ferne Orte und in längst vergangene Zeiten entführen. Für mich ist das Schreiben ein Spiel – und natürlich steckt auch jede Menge fleißige Arbeit darin! Aber jetzt schimpfen die Erwachsenen nicht mehr mit mir, weil ich Lügen erzähle. Jetzt werde ich dafür bezahlt. Und das Beste ist: Ich kann von meinem Glauben erzählen und die Lektionen, die Gott mir erteilt, in das Leben meiner Charaktere einbauen. Ich möchte dieses Leben auf keinen Fall mehr missen!

Wir sind nicht alle dazu berufen, Bücher zu schreiben. Aber ich glaube, dass Gott jede und jeden von uns mit einzigartigen Gaben und Talenten erschaffen hat, die wir zu seiner Ehre einsetzen können. Wenn wir entdecken, welche Gaben das sind, und sie fröhlich gebrauchen, ehren wir ihn und werden selbst gesegnet. Wie Mutter Teresa einmal sagte: »*Wir können nicht alle große Dinge tun. Aber wir können kleine Dinge mit großer Liebe tun.*« Wenn wir unser Talent einbringen, um ihm voller Freude zu dienen, werden wir irgendwann hören, wie unser Herr sagt: »*Gut so, du bist ein tüchtiger und zuverlässiger Verwalter. ... Komm zu meinem Fest und freu dich mit mir!*«

Gebet

Himmlischer Vater, hilf uns, auf unser Herz und auf deine leise Stimme zu hören, damit wir entdecken, was du für uns im Sinn hast. Hilf uns, die Arbeit zu finden, für die du uns geschaffen hast, denn das ist unsere höchste Berufung. Gib uns Freude bei all dem, das uns Mühe macht, weil wir wissen: Wenn wir einander in Liebe dienen, dienen wir dir.

2. Gib niemals auf!

»Wir danken Gott auch für die Leiden,
die wir wegen unseres Glaubens auf uns nehmen müssen.
Denn Leid macht geduldig, Geduld aber vertieft
und festigt unseren Glauben
und das wiederum stärkt unsere Hoffnung.«

RÖMER 5,3-4

Aufstrebende Autoren und Autorinnen fragen mich oft, was ich ihnen als wichtigsten Rat in Sachen Schreiben mitgeben kann. Meine Antwort? Gib niemals auf! Ich weiß, dass das nicht sehr originell klingt, aber Schriftsteller zu werden, kann ein langer und steiniger Weg sein, eine Achterbahnfahrt voller Schwierigkeiten und entmutigender Erfahrungen. Das weiß ich, weil ich selbst beinahe aufgegeben hätte, bevor mein erstes Buch verlegt wurde.

Ich habe mit dem Schreiben begonnen, als ich Mutter und Hausfrau war und mit meinem Mann und unseren drei Kindern in Kanada lebte. Nach einer Menge Arbeit hatte ich meinen ersten Roman, *Sei du meine Stärke,* fertiggestellt und begann mit dem langwierigen, zähen Prozess, mein Exposé an Verlage zu schicken. Es wurde abgelehnt, ich verschickte es erneut an einen anderen Verlag und versuchte, mich dabei möglichst nicht entmutigen zu lassen. Dann schrieb ein christlicher Verlag in den USA mir an einem herrlichen Tag: »Uns gefällt Ihr Exposé – bitte schicken Sie uns das komplette Manuskript, damit wir es prüfen können.«

Das klang wie eine tolle Nachricht, aber irgendwann war fast ein ganzes Jahr vergangen und ich wartete immer noch. Schließlich schrieben sie mir, das Manuskript müsse noch eine letzte Hürde nehmen, bevor sie entscheiden könnten, ob sie es in ihr Programm aufnehmen würden oder nicht.

Damals gab es noch keine Handys, also verließ ich zwei nervenaufreibende Wochen lang kaum das Haus, weil ich Angst hatte, den entscheidenden Anruf zu verpassen, der mein Leben ändern würde, sodass ich endlich meinen Traum verwirklichen konnte. Aber anstelle des Telefons läutete es eines Tages an der Tür. Es war der Postbote, der einen schwarzen Müllbeutel ablieferte, auf dem mein Name und meine Adresse standen. Mein erster Gedanke war: »Ich habe doch selbst genug Müll – muss mir da jemand noch was schicken?« Aber als ich den Beutel aufmachte, sah ich mein Manuskript!

Die Seiten waren völlig durcheinander, willkürlich in den Müllsack gestopft, als hätte jemand einen Ventilator eingeschaltet und den Stapel Papier in die Luft geworfen. Mehrere Seiten waren mit Fußabdrücken versehen. Andere wiesen Reifenspuren auf. Das musste ein Versehen sein. Ich wühlte in dem Müllsack und fand die traurigen Überreste des Kartons, den ich benutzt hatte, um das Manuskript zu verschicken. Er musste irgendwo auf dem Weg von den USA nach Kanada aufgegangen sein und die Postbeamten waren so freundlich gewesen, das Durcheinander in einen Beutel zu stecken und zu seinem Ziel zu befördern.

Als ich weiter in dem Papierberg kramte, fand ich schließlich den Brief des Verlages. Darin stand: »Es tut uns leid, aber wir haben beschlossen, Ihr Buch nicht zu veröffentlichen.« Der Müllsack schien mir wie ein prophetisches Zeichen. Nicht nur dass sie mein Buch abgelehnt hatten – es war der reinste Müll. Ich hatte genug vom Schreiben.

Bevor meine Kinder geboren wurden, hatte ich als Lehrerin gearbeitet, und da mein Jüngster jetzt in den Kindergarten kam, beschloss ich, im kommenden Schuljahr eine Stelle als Lehrkraft anzunehmen. Aber wenn wir in die falsche Richtung laufen, hat Gott seine Methoden, uns wieder auf die richtige Spur zu bringen, und ein paar Monate, nachdem ich meinen neuen Job angefangen hatte, fing ich an, mich zu fühlen wie Jona im Bauch des Fisches. Ich hatte bei der Arbeit so viel Stress, dass ich während des Schuljahres dreimal wegen unterschiedlicher Krankheiten ausfiel, die aber alle stressbedingt waren. Als ich zum dritten Mal im Bett lag, gab ich auf und bat Gott, mir zu zeigen, was ich tun sollte. Seine Antwort lautete: »Schreiben!«

Aber der Erfolg stellte sich nicht sofort ein. Nicht mal annähernd! Ich kündigte meinen Lehrerjob, aber es vergingen noch einige Jahre, bevor *Sei du meine Stärke* endlich in den USA veröffentlicht wurde. Es wurde das erste Buch in einer fünfteiligen Reihe, die inzwischen in mehrere Sprachen übersetzt ist. Und ich bekomme Briefe von Lesern aus aller Welt, die mir schreiben, was für ein Segen und eine Inspiration das Buch für sie war.

Was wäre wohl passiert, wenn ich einfach aufgegeben hätte? Diese Frage kann ich nicht beantworten, aber ich weiß, dass die schlimme Zeit, die ich durchgemacht habe, als ich Gottes Berufung den Rücken kehrte, mich am Ende näher zu ihm geführt hat. Und vielleicht erfüllen sich unsere Träume deshalb nicht sofort. Vielleicht zögert Gott es ein bisschen hinaus, damit wir lernen, uns an ihn zu wenden und ihm zu vertrauen. Mein Rat für jeden, der seinem Traum folgt, wird also immer sein: »Gib niemals auf!« Mach weiter, selbst wenn dein Traum in einem Müllsack vor deiner Tür landet.

Gebet

Himmlischer Vater, wir wollen sofort Ergebnisse sehen und du willst eine Beziehung zu uns. Du willst, dass wir lernen, deine Stimme zu hören und auf deinen perfekten Zeitplan zu vertrauen. Hilf uns, die Zeiten des Wartens und der Enttäuschung dafür zu nutzen, uns nach dir auszustrecken.

3. Worauf wartest du?

»Doch sehnt sich der Herr danach,
euch gnädig zu sein. Bald wird er zu euch kommen und sich
wieder über euch erbarmen,
denn er ist ein gerechter Gott.
Wie glücklich können sich alle schätzen,
die auf seine Hilfe warten!«

JESAJA 30,18

Wer hat schon Lust zu warten? An der Kasse beim Einkaufen. Im Stau. Im Wartezimmer eines Arztes. Oder darauf, dass unsere Gebete erhört werden. Heute Morgen habe ich während meiner Stillen Zeit den Psalm gelesen, in dem es heißt: »*In aller Frühe bringe ich meine Bitten vor dich und warte sehnsüchtig auf deine Antwort*« (Psalm 5,4). Auch wenn es stimmt, dass ich sehnsüchtig darauf warte, dass Gott meine Gebete erhört, warte ich nicht immer mit Geduld.

Im Moment warte ich darauf, dass ein paar dringende Gebete erhört werden. Eine Arbeitsstelle für einen Angehörigen. Die sechs Monate alte Enkelin einer Freundin braucht eine Lebertransplantation. Der Mann einer anderen Freundin hat Krebs. Noch eine Freundin wartet auf das Ergebnis einer Biopsie. Das sind nur ein paar von vielen Gebetsanliegen. Und haben wir nicht alle ähnliche Listen?

Derzeit hat der Winter die Gegend, in der ich lebe, voll im Griff. Das Ufer des Lake Michigan, an dem mein Mann und ich spazieren gehen, sieht kalt und trostlos aus. Erstarrt im Frost wartet es auf neues Leben. Wenn ich mich nicht an unzählige Frühjahre und Sommer erinnern könnte, die in der Vergangenheit den Winter vertrieben haben, würde ich bei der Vorstellung, dass die Welt immer so aussehen könnte, verzweifeln. Aber ich erinnere mich und die Erinnerung lässt mich hoffen.

Hoffnung kommt auch in Form des Gebetstagebuchs, das ich führe, damit ich sehen kann, wie viele Gebete Gott in der Vergangenheit erhört hat. Allein im letzten Jahr ist viel passiert: Eine Freundin hatte eine erfolgreiche Rückenoperation. Ein junger Vater, für den ich gebetet hatte, konnte endlich anfangen, etwas gegen seine Sucht zu tun. Meine sehnsüchtig erwartete Enkelin ist gesund und kräftig zur Welt gekommen. Jede dieser Gebetserhörungen zu feiern, stärkt meinen Glauben, während ich darauf warte, dass Gott auch die anderen Gebete erhört. Langsam, aber sicher lerne ich zu warten.

Von dem Tag, an dem ich anfing zu schreiben, bis zur Veröffentlichung meines ersten Romans habe ich elf Jahre gewartet. Als meine Gebete schließlich erhört wurden und ich meinen ersten Verlagsvertrag in der Hand hielt, war ich ganz aus dem Häuschen. Aber in dem langen Prozess, bis dieses erste Buch erschien, hatten meine Lektorin und ich eine Meinungsverschiedenheit, die mich in die Knie zwang. Konnte ich die Änderungen, die sie machen wollte, akzeptieren, oder musste ich den Vertrag auflösen und einen anderen Verlag finden? Ich betete, während ich darauf wartete, dass der Verlag sich zu meinen Bedenken äußerte. Ich wartete. Und wartete.

Als ich mit meiner Geduld am Ende war, griff ich zum Telefon, weil ich der Lektorin meine Meinung sagen und die elende Warterei beenden wollte. Wenige Augenblicke, bevor ich ihre Nummer wählte, fiel mein Blick zufällig auf meinen Computer. Der Bildschirmschoner war so programmiert, dass er per Zufallsgenerator Bibelverse anzeigte, und in diesem Augenblick lautete er:

»Vertraue auf den Herrn!
Sei stark und mutig, vertraue auf den Herrn!«
Psalm 27,14

Ich lachte und legte den Hörer auf. Und wartete weiter. Am Ende wurde die Meinungsverschiedenheit so gelöst, dass alle damit zufrieden waren. Meine Bücher wurden gedruckt.

Ich warte immer noch nicht gerne, aber ich glaube, es gelingt mir schon besser als früher. Wie bei dem Psalmisten: »*In aller Frühe bringe ich meine Bitten vor dich und warte sehnsüchtig auf deine Antwort.*« Und voller Hoffnung. Also, worauf warten Sie?

Gebet

Danke, Herr, dass du unsere Gebete immer hörst.
Während ich auf deine Antwort warte, hilf mir, mich daran zu erinnern, dass du ein treuer, liebender Gott bist. Du kennst immer die beste Methode und den perfekten Zeitpunkt, jedes Gebet zu erhören.

4. Arthur

»Wie sehr Christus uns liebt, haben wir daran erkannt,
dass er sein Leben für uns opferte.
Ebenso müssen auch wir bereit sein,
unser Leben für unsere Geschwister hinzugeben.«

1. JOHANNES 3,16

In der Grundschule war ich eine fleißige, gewissenhafte Schülerin. Ich wollte Einsen haben. Ich wollte die Anerkennung meiner Lehrer. Mein Klassenlehrer in der sechsten Klasse, Mr S., war einer meiner Lieblingslehrer. Er war dynamisch und kreativ, streng, aber gerecht und er geizte nicht mit Ermutigung und Lob. Wenn Schüler etwas Besonderes geleistet hatten, belohnte Mr S. sie, indem er ihren Namen in riesigen Buchstaben an die Tafel schrieb, wo er den restlichen Tag über stehen blieb. Ich fand es toll, wenn mein Name dort stand.

In unserer ländlichen Kleinstadt kannte jeder seine Klassenkameraden und ihre Familien. Wir alle waren uns in vielerlei Hinsicht ähnlich. Eines Tages stieß ein Schüler zu unserer Klasse, der auffällig anders war als wir anderen.

Arthur war der einzige Schüler in der ganzen Schule mit schwarzer Haut. Seine Kleider und Schuhe waren zerschlissener als unsere. Er war einen Kopf größer als die anderen Jungen und höchstwahrscheinlich auch älter, aber man hatte ihn in die sechste Klasse gesteckt, weil er kaum lesen konnte.

Seine Eltern waren als Einwanderer in unsere Region gekommen, um auf den Obstplantagen zu arbeiten, und Arthur sprach mit einem Akzent, der vielleicht aus Haiti oder einem ähnlichen Land stammte. Man konnte es nur schwer beurteilen, weil Arthur kaum den Mund aufmachte. Niemand freundete sich mit ihm an.

Eines Tages kam das Thema Fremdsprachen im Unterricht auf und Mr S. fragte, ob jemand von uns Wörter aus einer anderen Sprache kannte. Viele Hände schossen in die Höhe und meine Mitschüler riefen Wörter, die sie kannten. Mr S. machte einen Wettbewerb daraus und fing an, Punkte zu zählen. Ich wedelte wie wild mit der Hand. Ich kannte eine ganze Reihe deutsche Wörter, die meine Großmutter mir beigebracht hatte. Ich konnte sogar ein kleines gereimtes Gebet auf Deutsch aufsagen.

Ich fing an, meine Wörtersammlung an den Fingern abzuzählen, während ich darauf wartete, dass ich an die Reihe kam, und ich war sicher, dass ich gewinnen würde. Aber zuerst kam Arthur dran. Zum ersten Mal überhaupt hob er die Hand und sagte, er spreche Französisch. Jetzt waren alle

Augen auf Arthur gerichtet. Mr S. überschlug sich förmlich vor Begeisterung, als Arthur einen Satz nach dem anderen sagte. Ich zählte mit und glaubte immer noch, ich könnte ihn mit meinem deutschen Gedicht schlagen.

Als Arthur fertig war, applaudierte Mr S. und schrieb Arthurs Namen in großen Buchstaben an die Tafel. Arthur strahlte, als hätte jemand ihn von innen erleuchtet, und lächelte zum ersten Mal. Dann wandte Mr S. sich einem anderen Thema zu. Aber halt! Ich war doch noch nicht dran gewesen! Hatte Mr S. denn meine Hand nicht gesehen? Ich kämpfte mit den Tränen. Das war einfach nicht fair!

Damals war ich noch zu unreif, um zu erkennen, wie klug und gütig das Verhalten von Mr S. gewesen war. Aber später verstand ich es und diese Lektion ist mir bis heute in Erinnerung geblieben. Es war etwas, das Jesus auch getan hätte. Als er den Messias beschreibt, schreibt der Prophet Jesaja: »*Das geknickte Schilfrohr wird er nicht abbrechen und den glimmenden Docht nicht auslöschen*« (42,3).

In einer Kultur, in der Menschen immer zuerst an sich selbst denken und vor allem ihre eigenen Rechte im Blick haben, will ich mehr wie Jesus sein, der auf alles verzichtete und die Rolle eines Sklaven einnahm (vgl. Philipper 2,7).

Gebet

Herr Jesus, ich bitte dich, dass du mir hilfst, die geknickten Schilfrohre um mich herum zu sehen und sie so zu lieben, wie du sie liebst. Gib mir ein mitfühlendes Herz, damit ich diese geknickten Menschen so aufbauen kann, wie du es tun würdest, egal, was es mich kostet.

5. Das Geschenk

»Setz die Gabe ein, die Gott dir schenkte.«

1. Timotheus 4,14

Es war kurz vor Weihnachten, als eine Frau, die eine begeisterte Leserin meiner Bücher ist, zu mir sagte: »Gott hat Ihnen eine wunderbare Gabe geschenkt.« Vielleicht war es die vorweihnachtliche Stimmung, aber ich stellte mir sofort ein hübsch eingepacktes Geschenkpäckchen vor.

Ein Geschenk! Ich hatte nichts getan, um es zu verdienen. Im Gegensatz zum Nikolaus schenkt Gott nicht nur »netten« Kindern etwas, während die »ungezogenen« Kinder eine Rute bekommen. Meine Begeisterung fürs Geschichtenerzählen und alles Talent, das ich vielleicht dafür habe, ist ein kostenloses, bedingungsloses Geschenk von einem liebenden Vater, der es extra für mich ausgesucht hat. Ich bin kein Mitglied einer Gruppe von Auserwählten, die ein Geschenk bekommen, während andere leer ausgehen.

Nach dem, wie die Bibel von Gottes Geschenken spricht, *»empfängt jeder die Gabe, die der Geist ihm zugedacht hat«*

(1. Korinther 12,11). Auf seiner Liste stehen alle. Und er hat eine riesige Auswahl an Gaben, nicht nur die, Bücher zu schreiben.

Als Familie schenken wir einander immer etwas zu Weihnachten. Ich finde es schön, an jeden Einzelnen auf meiner Liste zu denken und etwas Besonderes für ihn oder sie auszusuchen. Ich genieße es, wenn meine Lieben sich beim Auspacken freuen, und noch mehr freut es mich, wenn sie das, was ich ihnen geschenkt habe, auch benutzen.

Ich hoffe, dass sie jedes Mal, wenn sie es tun, an mich denken, so wie ich an die Menschen denke, die mir im Laufe der Jahre besonders lieb gewonnene Geschenke gemacht haben. Ich wäre sehr enttäuscht, wenn die Menschen, die ich liebe, ihre Geschenke eingepackt unterm Weihnachtsbaum liegen ließen, ungeöffnet und unbenutzt.

Die Sache ist die – ich kenne viele, sehr viele Menschen, denen nicht einmal bewusst ist, dass Gott jedem von uns Geschenke macht, und das wichtigste Geschenk ist sein Sohn, Jesus Christus. Leider bleiben ihre Gaben ungeöffnet und werden nicht benutzt. Und ich habe auch Menschen kennengelernt, die wissen, dass sie vielleicht so etwas wie die Gabe zum Schreiben haben, aber sie warten auf die perfekten Umstände, das Geschenk auszupacken und zu benutzen. »Wenn ich mehr Zeit habe«, sagen sie. »Wenn die Kinder aus dem Haus sind.« – »Wenn ich in Rente gehe.« Aber zu oft kommt der perfekte Zeitpunkt nie.

Meine drei Kinder waren neun und zwei Jahre alt und das jüngste gerade geboren, als ich mich das erste Mal hinsetzte und zu schreiben anfing. Wenn ich auf ideale Bedingungen gewartet hätte, würde ich es immer noch tun! Ein wichtiger Schritt beim Auspacken meines Geschenks war meine Teilnahme an einer Tagung für christliche Autorinnen und Autoren. Deshalb sage ich begeistert »Ja!«, wenn ich gebeten werde, bei einer solchen Tagung einen Workshop zu leiten.

Am meisten Spaß macht es doch, wenn kleine Kinder ihre Geschenke auspacken, oder nicht? Ich freue mich über ihre gespannte Erwartung und ihre Begeisterung, ihre reine Freude, wenn sie das Geschenkpapier aufreißen und etwas Besonderes herausziehen. Seien Sie doch auch wie ein Kind und reißen Sie das Geschenk auf, das Ihr liebender himmlischer Vater Ihnen so gerne gemacht hat. Sie sollten keinen Tag länger warten.

Gebet

Danke, himmlischer Vater, dass du jeden von uns so einzigartig geschaffen hast. Bitte gib uns den Mut und das Vertrauen, uns selbst so zu sehen, wie du uns siehst, damit wir die besonderen Geschenke auspacken, die du uns gegeben hast, und sie zu deiner Ehre einsetzen können.

6. Begabt

»Liebe Brüder und Schwestern,
ihr habt in eurem Brief die Gaben angesprochen,
die Gottes Geist schenkt. ... Dies alles bewirkt ein
und derselbe Geist. Und so empfängt jeder die Gabe, die der
Geist ihm zugedacht hat.«

1. KORINTHER 12,1.11

Es hat Jahre gedauert, bis ich erkannt habe, dass Gott mir die Gabe geschenkt hat, Bücher zu schreiben, obwohl Lehrer und Freunde mich oft zum Schreiben ermutigt haben. Warum konnte ich nicht glauben, dass etwas, das ich gut und gerne tat, genau das war, wozu Gott mich erschaffen hat?

Meine größte Hürde war die Angst. Angst zu versagen. Angst, mich zum Narren zu machen. Angst, meine Zeit zu vergeuden. Wegen dieser Ängste habe ich Ausreden gefunden, um meine Gabe nicht zu verwirklichen. Aber während mein Glaube wuchs, half Gott mir, meine Angst zu überwinden.

Haben Sie die Gabe, die Sie von Gott erhalten haben, schon einmal näher betrachtet? Die Bibel verspricht uns, dass Gott uns mindestens eine Gabe gegeben hat. Normalerweise ist das etwas, das wir gut können und gerne tun, deshalb übersehen wir es oft oder erkennen nicht, dass es etwas Besonderes ist. Schreiben Sie einige Dinge auf, die Sie gut können, die Ihnen leichtfallen. Gibt es Dinge, von denen andere gesagt haben, dass Sie sie besonders gut machen?

Oder vielleicht finden Sie ja auch Ausreden, so wie ich: »Ich habe keine Zeit« ... »Ich kann das nicht« ... »Ich weiß nicht, wo ich anfangen soll« ... »Ich habe zu viel Angst«. Erstellen Sie eine Liste mit allen Ihren Ausreden.

Und jetzt bitten Sie Gott, Ihnen zu zeigen, wie Sie jede von diesen Ausreden durchstreichen können. Wenn zum Beispiel die Angst zu versagen eine Ausrede ist, beten Sie um Mut und Zuversicht, das Unmögliche zu tun. Denken Sie daran: *»Alles kann ich durch Christus, der mir Kraft und Stärke gibt«* (Philipper 4,13).

Wissen Sie, welche Gottesgabe Sie besitzen? Wenn Sie sich nicht sicher sind oder wenn Sie Ihr Geschenk noch nicht ausgepackt oder zu seiner Ehre eingesetzt haben, fragen Sie ihn doch einfach jetzt im Gebet!

Gebet

Herr, öffne mir die Augen, damit ich das einzigartige Geschenk, das du mir gegeben hast, wirklich erkenne. Gib mir den Mut, Hand in Hand mit dir zu arbeiten und diese Gabe zu entwickeln und für dein Reich einzusetzen.

7. Ein Kind ist geboren

»Seht doch, wie sehr uns der Vater geliebt hat!
Seine Liebe ist so groß, dass er uns seine Kinder nennt –
und wir sind es wirklich!«

1. JOHANNES 3,1

Unser ältester Sohn Joshua ist in Bogota in Kolumbien zur Welt gekommen, wo wir zwei Jahre lang lebten, während mein Mann beim staatlichen Sinfonieorchester Kolumbiens spielte. Das waren interessante und denkwürdige Jahre – eine neue Sprache zu lernen und sich in eine andere Kultur weit fort von zu Hause einzuleben. Als unsere Freunde und Verwandte erfuhren, dass wir unser erstes Kind erwarteten, sagten sie unweigerlich: »Aber für die Geburt kommst du doch nach Hause, oder?« Ich lachte nur und versicherte ihnen, dass in Bogota jeden Tag Kinder zur Welt kamen. Es war nichts dabei.

Bis ich in den Wehen lag.

Diejenigen von Ihnen, die Kinder haben, können sich wahrscheinlich vorstellen, dass eine Geburt nichts ist, was man gerne in einer Fremdsprache erledigen möchte. Vor allem, wenn es das erste Kind ist. Aber ich war jung und naiv – und als die Wehen anfingen, war es eindeutig zu spät, einen Flug in die USA zu buchen. Ich kämpfte mich auf Spanisch durch die Strapazen, und als sie mir den kleinen Joshua schließlich in den Arm legten, kamen meine ersten Worte an ihn auf Spanisch heraus. Mein verwirrter Mann sagte: »Was machst du denn da? Er spricht Englisch!«

Drei Wochen später war Heiligabend. Wir waren weit weg von zu Hause, von unseren Angehörigen, mit einem winzigen Sohn, der kaum sechs Pfund wog, und feierten das Fest allein. Trotzdem ist es für mich eines der schönsten, denkwürdigsten Weihnachten, die ich je erlebt habe.

Weihnachten wird in Bogota so gefeiert, wie wir in den USA den vierten Juli feiern – mit Feuerwerk. »Stille Nacht« kann man bei den lautstarken Explosionen auf der Straße also getrost vergessen. Nachts wird der Himmel von *globos* erleuchtet, kleinen Fallschirmen, die an Dosen mit brennendem Benzin befestigt werden. Sie sehen sehr hübsch aus, wenn sie in den Himmel aufsteigen, aber Vorsicht – wenn das Benzin alle ist, fallen die Dosen runter und treffen schon mal den Kopf eines ahnungslosen Passanten!

Aber was dieses Weihnachten für mich zu einem so besonderen Erlebnis machte, war die Tatsache, dass ich ein winziges, hilfloses Baby im Arm hielt – eine wunderbare

Erinnerung daran, wie winzig und hilflos Jesus war, als er auf die Erde kam. Mir das vorzustellen: Der Schöpfer des unendlichen Universums war einmal so hilflos und verletzlich wie mein Sohn. Vom ersten Augenblick an, in dem ich Joshua im Arm hielt, empfand ich eine tiefe Liebe zu ihm, die stärker war als jedes Gefühl, das ich bis dahin kannte – und in diesem Augenblick hatte ich endlich einen Eindruck von Gottes unermesslicher Liebe zu mir. Zu mir! Ich wusste, dass ich meinen Sohn noch mit letzter Kraft beschützen würde. Aber Gottes Liebe zu mir war so groß, dass er seinen Sohn leiden und sterben ließ. Für mich.

Jenes Weihnachtsfest in Bogota war anders als alle Weihnachten vorher oder nachher. Wir hatten keinen Weihnachtsbaum. Es gab keine Deko, keine Lichterketten, keine hektischen Einkäufe in letzter Minute. Keine Weihnachtslieder, keine Plätzchen, keine Geschenke, keine Familienzusammenkunft. Aber in dieser Einfachheit fand ich die wahre Bedeutung von Weihnachten – ein hilfloses Kind, die Liebe eines Vaters.

Ich dachte an Maria und an das, was sie damals an dem allerersten Weihnachtsfest durchgemacht haben muss – eine lange Reise fern der Heimat, die Suche nach einer Übernachtungsmöglichkeit, die Geburt ihres ersten Kindes. Dann die ganze Aufregung, als die Hirten zu Besuch kamen und die Nachricht von der Geburt des Messias verbreiteten. Aber »*Maria merkte sich jedes Wort und dachte immer wieder darüber nach*«, mitten in diesem Geschehen. In der Schlichtheit meines ersten Weihnachtsfestes mit einem Neugeborenen hatte ich den Luxus, dasselbe zu tun.

Jedes Jahr an Weihnachten bete ich, dass ich den Stress, die Hektik und allen Kommerz ein paar Augenblicke hinter mir lassen und mich daran erinnern kann, wie es sich anfühlte, ein hilfloses Kind auf dem Arm zu haben, ein Kind, das ich mit meinem ganzen Wesen liebte. Wie Maria will ich diese Dinge in meinem Herzen bewegen. Und dann kann ich fröhlich Weihnachten feiern und meinem himmlischen Vater danken, der mich so sehr geliebt hat, dass er seinen Sohn für mich geopfert hat.

Wie wäre es, wenn wir uns – nicht nur an Weihnachten, sondern an all unseren stressigen, geschäftigen Tagen – ein paar Augenblicke Zeit nehmen, um die unermessliche Liebe Gottes in unserem Herzen zu bewegen? Ich glaube, es könnte alles andere in unserem Leben in eine klarere Perspektive rücken.

Gebet

Herr, hilf mir, heute langsamer zu machen, damit ich das Wunder deiner Liebe zu mir würdigen kann. Danke, dass du uns deinen kostbaren Sohn geschenkt hast, damit wir deine Kinder werden können. Mögen dein Geschenk und deine

Liebe mich dazu inspirieren, dich mehr zu lieben und meine Nächsten wie mich selbst.

8. Ende gut, alles gut

»Aber mein Leben ist mir nicht wichtig.
Vielmehr will ich bis zum Schluss den Auftrag
ausführen, den mir Jesus, der Herr, gegeben hat:
die rettende Botschaft von Gottes Gnade
zu verkünden.«

APOSTELGESCHICHTE 20,24

In letzter Zeit mache ich mir Gedanken über Dinge, die zu Ende gehen, weil ich mich der Vollendung meines aktuellen Buchprojekts nähere. Nach 330 Manuskriptseiten und mehr als 100.000 Wörtern ist das Ende in Sicht. Ich bin noch nicht ganz sicher, wie das Buch enden wird, da ich zu den verrückten Schreiberlingen gehöre, deren Geschichten sich beim Schreiben entwickeln, statt dass ich alles genau im Voraus plane. Ich vermute, wenn ich selbst nicht weiß, was passieren wird (und ich habe schon zwei Drittel geschrieben), dann wird es für die Leserinnen und Leser auch eine Überraschung sein. Ich mag es nicht, wenn das Ende einer Geschichte von Anfang an vorhersehbar ist.

Es gibt ein paar wichtige Dinge, die ich berücksichtigen muss, wenn es gut ausgehen soll. Im Laufe der Jahre habe ich herausgefunden, dass für ein gutes Ende einiges wesentlich ist:

1. Das Tempo sollte anziehen mit Emotionen und Dramatik auf höchstem Niveau.
2. Man sollte das Gefühl haben, dass etwas abgeschlossen wird, indem ich das »Versprechen«, das mein Publikum bei der Stange gehalten hat, einlöse.
3. Das Ende sollte eine Auflösung der aufgebauten Spannung liefern – die Bombe wird entschärft, der Mord aufgeklärt.
4. Im Leben der Hauptpersonen sollte etwas geschehen sein. Selbst wenn ihre Probleme nicht verschwinden, wurde der zentrale Konflikt gelöst und die Charaktere haben sich dadurch verändert.

Das alles muss passieren, während die Geschichte ihren Höhepunkt erreicht. Eine befreundete Autorin beschreibt den Höhepunkt als »das wichtigste Ereignis ... das all die Melodien, die bisher gespielt wurden, zu einem Dur-Akkord vereint.« Während ich auf diesen Höhepunkt hinarbeite, werde ich meinen Roman noch einmal neu lesen und nach all den »Melodien« suchen, damit ich entscheiden kann, wie dieser Dur-Akkord aussehen soll. Ganz so weit bin ich noch nicht, aber es wird nicht mehr lange dauern. Ich will schließlich, dass es gut ausgeht.

Während ich an dem großen Finale arbeite, macht die Natur vor meinem Arbeitszimmerfenster genau dasselbe. Wo auch immer ich hinsehe, veranstalten die Bäume und Büsche ihr Finale in herrlichen Farben, bevor der Winter das Ende des Jahres einläutet. Und wie es aussieht, sorgt die Natur für ein gutes Ende.

Es gibt ein anderes Ende, über das ich nicht so gerne nachdenke, und das ist mein eigenes Ende. In einem Monat werde ich wieder ein Jahr älter. Es ist keiner von den großen runden Geburtstagen, aber es dauert nicht mehr lange. Und mir ist klar geworden, dass ich den größten Teil meines Lebens hinter mir habe. Das ist schon ein beunruhigender Gedanke! Und wie bei meinem Roman – und in der Natur – sollte das Ende gut sein.

Mein ganzes Leben lang habe ich meine Geschichte einfach drauflosgeschrieben und ein Kapitel nach dem anderen erfunden. Es gab eine Menge Überraschungen, einiges an Drama und viele Gefühle. Und so wie beim Schreiben eines Romans gibt es ein paar Dinge, die ich berücksichtigen möchte, bevor ich das Ende erreiche.

1. Das Tempo sollte anziehen. Ich will jeden Tag meines Lebens voll auskosten. Wie der Held in meinem Roman *Ein letzter Flug*. Er wollte »lebendig sterben«.
2. Ich bete, dass mein Leben etwas abschließt. Dass ich meine Gaben und Talente gut genutzt habe, um Gott

zu dienen, und ganz und gar seine treue Dienerin war.

3. Ich will nicht, dass irgendwelche Beziehungen in meinem Leben ungeklärt bleiben. Ich hoffe, ich lebe jeden Tag so, dass ich andere um Vergebung bitte und ihnen vergebe.
4. Wahrscheinlich wird es nie dazu kommen, dass alle Probleme in meinem Leben gelöst sind, aber ich hoffe, ich kann zurückblicken und sehen, wie Gott mich geformt und meine Probleme dazu gebraucht hat, mich Christus ähnlicher zu machen.

Während ich über mein Leben nachdenke, fange ich an zu erkennen, wie all die »Melodien«, die Gott mir geschenkt hat, sich zu einem herrlichen Akkord vereinen. Selbst die schrägen Melodien, die mir zunächst nicht gefielen, haben ihren Teil zu Gottes Plan beigetragen. Und ich freue mich darauf, in den kommenden Jahren noch ein paar neue Lieder zu lernen.

Gebet

Herr Jesus, dein Tod hat mir ewiges Leben und unserem Vater Ehre gebracht. Nur du weißt, wann mein Ende kommt. Bis dahin gib mir bitte die Kraft und Weisheit, jeden Tag nach deinem Willen zu leben, damit ich hören kann, wie du sagst: »Gut gemacht!«

9. Verborgene Schätze

»So schuf Gott den Menschen als sein Abbild,
ja, als Gottes Ebenbild;
und er schuf sie als Mann und Frau.«

1. MOSE 1,27

Zwei meiner Lieblingshobbys, wenn ich nicht schreibe, sind Fahrradfahren und Wandern mit meinem Mann. Jetzt haben wir diese Abenteuer um eins ergänzt – Geocaching.

Das ist eine Art Schatzsuche. Begeisterte Fans dieses Sports verstecken Tausende (wenn nicht gar Millionen!) von »Caches« auf der ganzen Welt an abgelegenen Orten. Dann nennen sie die GPS-Koordinaten und geben schlaue Hinweise, wie man die Verstecke findet. Einige haben wir im Urlaub in Florida gesucht, ein paar, als wir unseren Sohn in Kalifornien besucht haben, und einige bei einer Reise nach Deutschland. Und als ich mit meiner Schwester im Bundesstaat New York wandern war, haben wir auch welche gefunden. Sie sind einfach überall!

Eine Geocaching-App auf unseren Handys macht die Verstecke mit Hilfe von GPS-Koordinaten ausfindig. Dann führt der Kompass uns in die Nähe des entsprechenden Ortes. Danach folgen wir den Hinweisen und unseren eigenen Sinnen, um den versteckten Behälter zu finden. Manche sind direkt am Wegrand verborgen, für andere muss man sich ins Dickicht durchschlagen oder den Arm in irgendein Loch stecken – nicht gerade das, was ich am liebsten tue.

Große Caches haben die Größe eines Schuhkartons, mittlere sind etwa so groß wie eine Butterbrotdose und kleine sind oft in Plastikflaschen versteckt. Mikrocaches sind sogar noch kleiner. Die großen kann ich ziemlich gut finden, aber bei den winzigen muss ich mich oft geschlagen geben. In manchen Caches befinden sich kleine Gegenstände als Souvenir. Einmal habe ich darin einen Dollar gefunden. Alle haben eine Art Logbuch, in dem man sich verewigt. Aber was mich betrifft, ist das Vergnügen der Suche und die Freude, wenn ich das Versteck entdecke, Belohnung genug.

In letzter Zeit versuche ich, meine neuen Fertigkeiten in Sachen Schatzsuche auf mein geistliches Leben zu übertragen. Unser Pastor hat über das Bild Gottes gesprochen, das *Imago Dei*, das jeder Mensch in sich trägt. In der Bibel steht, dass wir als Ebenbild Gottes geschaffen wurden, also steckt dieser Funke in uns, ob wir ihn sehen oder nicht. Wenn wir unseren Nächsten lieben wollen, wie Jesus es uns aufgetragen hat, dann sollten wir immer daran denken, dass selbst die weniger liebenswürdigen Menschen nach seinem Abbild erschaffen wurden, obwohl es uns schwerfällt, dieses Bild zu sehen.

Manchmal begegne ich fremden Menschen und spüre sofort eine Verbindung – und entdecke, dass sie einen riesigen Cache an Glauben und Liebe für Christus in ihren Herzen haben. Ihre Schätze sind leicht zu finden. Aber es gibt auch Menschen, die mir gegen den Strich gehen oder deren äußerliches Verhalten aggressiv oder anstößig ist oder die überhaupt keine guten Eigenschaften zu haben scheinen.

Das sind die Leute, bei denen ich mich abwenden und aufgeben möchte, ohne mich überhaupt auf die Suche zu machen. Das Bild Gottes in ihnen zu entdecken, scheint ebenso schwierig, wie einen Mikrocache im Wald zu finden. Aber auch diese weniger liebenswürdigen Menschen sind nach Gottes Ebenbild erschaffen und deshalb haben sie es verdient, dass wir ihnen Gottes Liebe zeigen. Waren wir nicht alle einmal »verloren«?

Jesus hatte eine erstaunliche Gabe, diesen Funken des göttlichen Ebenbildes in so wenig vielversprechenden Menschen wie Zöllnern, Prostituierten und Besessenen zu finden. Und ich soll ihm doch immer ähnlicher werden, oder? Er hat uns gelehrt: »*Liebt eure Feinde und betet für die, die euch verfolgen*«, aber ich wusste nie so recht, wie ich das anstellen sollte. Vielleicht ist der Schlüssel dazu wirklich, den verborgenen Schatz von Gottes Ebenbild zu suchen.

Jesus sagt uns auch, warum wir uns die Mühe machen sollen: »*Dann werdet ihr reich belohnt werden: Ihr werdet Kinder des Höchsten sein. Denn auch er ist gütig zu Undankbaren und Bösen.*« Er will nicht, dass irgendjemand verloren bleibt – und dann kann ich das auch nicht wollen.

Ich wünsche mir oft, ich hätte eine bequeme App, die mir das Ganze erleichtert, aber ich habe Gottes Wort, das mir die Richtung vorgibt. Wenn ich ihm konsequent folge, müsste das mehr als genug sein.

Gebet

Herr Jesus, manchmal fällt es mir schwer, schwierige Menschen so zu sehen, wie du es tust, und noch schwerer fällt es mir, sie zu lieben, wie du es tust. Hilf mir, immer daran zu denken, dass wir alle nach deinem Ebenbild erschaffen sind und dass deine Liebe jeder und jedem von uns gilt. Lehre mich, so zu lieben, wie du es tust.

10. Willkommen zu Hause!

»Doch alle, die bei dir Zuflucht suchen,
werden sich freuen. Ihr Jubel kennt keine Grenzen,
denn bei dir sind sie geborgen.
Ja, wer dich liebt, darf vor Freude jubeln!«

Psalm 5,12

Dexter ist ein geretteter Kater. Er wurde irgendwo in Chicago gefunden und zu dem Tierheim gebracht, in dem meine Tochter Maya manchmal als Pflegemutter für streunende Katzen aushilft. Wir nennen sie die »Katzenflüsterin«, weil sie Tiere wie Dexter beruhigen und zähmen kann – und er hatte eine Menge Zähmung nötig.

Dexter ist groß, wild und schlau und er kam nicht mit den anderen Katzen im Tierheim zurecht, sondern rastete regelmäßig aus. Maya war bereit, sich um ihn zu kümmern, bis er sich beruhigt hatte und eine Familie ihn auf Dauer adoptieren konnte. Also nahm sie ihn mit nach Hause, wo er dem schlanken gelbbraunen Siamesenkater Leonidas begegnete.

Ich gebe zu, dass ich Dexter zuerst nicht mochte. Er war mir zu rauflustig und schien unsere viel kleinere »Edelkatze« zu schikanieren. Aber während die Monate verstrichen und Maya mit Liebe und Disziplin ihren fast magischen Einfluss auf das Tier ausübte, lernte ich Dexters einzigartige Persönlichkeit schätzen. Er schlief gerne an merkwürdigen Orten, zum Beispiel im Waschbecken im Badezimmer. Oder auf dem E-Bass meines Schwiegersohnes. Oder oben auf meinem Bücherregal, wenn er bei uns zu Besuch war. Einmal fand er einen Schlafplatz auf meinem Kaminsims. Und Weihnachten schlief er unter unserem Weihnachtsbaum, als hoffte er, für jemanden das Weihnachtgeschenk zu sein.

Maya brachte Dexter bei, sich auf Kommando zu setzen, einen kleinen Plastikball zu holen und Katzenvideospiele auf ihrem iPad zu spielen. Er liebte dieses Spiel und jagte Vögel oder fing Fische, sodass er schnell Level 3 erreicht hatte.

Und dann rief eines Tages das Tierheim an. Sie hatten eine Familie für Dexter gefunden. Alles ging so schnell, dass ich mich gar nicht verabschieden konnte. Als Maya anrief, um mir zu erzählen, dass er fort war, hinterließ das ein richtiges Loch in meinem Innern.

Mir wurde klar, wie sehr ich ihn vermissen würde, wie sehr ich dieses große, wilde, weiße Fellknäuel lieben gelernt hatte. Wir freuten uns für Dexter, aber für uns war es traurig.

Auch Leonidas vermisste ihn. Die beiden waren Freunde geworden. Leonidas schlich durch die leeren Räume, als suchte er Dexter, und miaute klagend. Maya tat er so leid, dass sie überlegte, ob sie wieder eine Katze in Pflege nehmen sollte. Ich war mir nicht sicher, ob ich den Kummer ein zweites Mal ertragen konnte.

Eine Woche später rief das Tierheim wieder an. Dexter war zurück! Seine neuen Besitzer waren nicht glücklich mit ihm und er wohl auch nicht mit ihnen. Würde Maya ihn eventuell wieder zu sich nehmen? Ich glaube, wir haben alle vor Freude geheult. Sie sagte zu mir: »Wenn eine Katze lächeln kann, dann hat Dexter von einem Ohr zum anderen gegrinst, als er in unser Haus spazierte.«

Sie und ihr Mann haben Dexter schließlich adoptiert. Jetzt gehört er zu ihnen. Endlich hat er als Teil unserer Familie ein Zuhause.

Ich glaube, Dexters Geschichte geht uns deshalb so zu Herzen, weil es auch unsere Geschichte ist. In Christus wurden wir aus unserem früheren Leben gerettet, erlöst und neu gemacht und dann in Gottes Familie aufgenommen. Ich will nie vergessen, wie mein Leben ohne Christus wäre. Und ich will meine Rettung und Adoption nie für selbstverständlich halten.

Aber was ist mit all den Menschen um uns herum, die immer noch verloren und auf der Suche sind? Sollte ich aus

Dankbarkeit für das, was Christus für mich getan hat, nicht alles dafür tun, um die Verlorenen zu retten und ihnen zu helfen, auch bei ihm ihr Zuhause zu finden?

Gebet

Herr Jesus, danke, dass du den Preis für meine Rettung bezahlt hast, als ich verloren und nicht liebenswürdig war. Alles, was ich habe und was ich heute bin, verdanke ich deiner großen Liebe zu mir. Bitte schenke mir deine Liebe für die verlorenen und gebrochenen Menschen um mich herum. Hilf mir, ihnen deine Liebe zu zeigen.

11. Auf der Bühne

»Seid immer bereit, Rede und Antwort zu stehen, wenn euch andere nach der Hoffnung fragen, die euch erfüllt.«

1. PETRUS 3,15

Als mein Mann und ich einmal bei unserem Sohn Benjamin zu Besuch waren, baten mein Mann und ich ihn, Karten für die Aufnahme einer Fernsehsendung für uns zu besorgen. Er ergatterte Plätze in den *Universal Studios*, als zwei Episoden von *Familien-Duell* mit dem Moderator Steve Harvey aufgezeichnet wurden. Wir saßen in der zweiten Reihe ganz in der Mitte und hatten einen Riesenspaß!

Der junge Mann, der den Anheizer machte, brachte das Publikum mit allen möglichen Mätzchen und Wettbewerben in Stimmung und das war schon beeindruckend. Dann kam Steve Harvey heraus und wir haben gelacht, bis uns der Bauch wehtat. Bei diesen Aufzeichnungen passiert viel mehr als das, was am Ende gesendet wird – und der Mann ist unglaublich witzig! Während der Werbepausen blieb er auf der Bühne und unterhielt uns mit einem Comedy-Programm. Außerdem beantwortete er Fragen aus dem Publikum, die man vorher hatte einreichen können. Wir wurden nicht wie Zuschauer behandelt, auf deren Lacher man es abgesehen hatte, sondern wie ein Publikum, dem er etwas bieten wollte.

Während der letzten Werbepause bat Steve uns, nach der Aufnahme sitzen zu bleiben, weil er uns noch etwas sagen wollte. Das taten wir. Er trat an den Bühnenrand und erzählte uns, wie Gott in seinem Leben gewirkt hatte. Er erzählte seine eigene Geschichte aus einem echten Bedürfnis heraus und sagte: »Das hat Gott in meinem Leben bewirkt und bei Ihnen kann er das auch tun. Gott liebt Sie. Er will eine Beziehung zu Ihnen haben.«

Wir waren ein bunt gemischtes Publikum unterschiedlichen Alters, unterschiedlicher Herkunft und Prägung, aber wir alle waren mucksmäuschenstill, während er sprach. Er hatte sich mit seinem Humor, seiner echten Herzlichkeit und seiner Ehrlichkeit während der Show unseren Respekt verdient und jetzt hörten wir zu. »Sie wissen, dass es einen Gott gibt«, sagte er lächelnd. »Das wissen Sie. Und er will mit Ihnen zu tun haben, weil er Sie liebt.«

Steve Harvey hat mich an diesem Nachmittag unterhalten und dann hat er mich etwas gelehrt. Er hat mir gezeigt, welche Macht darin liegt, wenn man anderen einfach erzählt, was Gott im eigenen Leben getan hat. Ich brauche keine Bibelverse auswendig zu lernen und ich brauche auch kein Theologiestudium, sondern ich kann einfach meine Geschichte erzählen und Menschen daran erinnern, dass Gott sie liebt. Und ich habe darüber gestaunt, dass ein Mann von seinem Format in der Unterhaltungsindustrie den Mut hatte, die Plattform, die Gott ihm gegeben hat, für solche offenen Worte zu nutzen.

Es war nicht nur das Publikum, das sein Zeugnis gehört hat, sondern auch die Kameraleute, die Techniker, Produzenten und Bühnenarbeiter – Menschen, mit denen Steve jeden Tag zusammenarbeitet. Und es hat mich daran erinnert, dass Gott jedem von uns ein »Publikum« gegeben hat, das wir erreichen können, ob bei der Arbeit, in der Schule, zu Hause oder auf der Straße. Und Steve hat mich zum Nachdenken gebracht – nutze ich die Orte, an die Gott mich führt, und die Menschen, die er in mein Leben stellt, eigentlich, um ihm Ehre zu machen? Nehme ich mir die Zeit, Menschen zu ermutigen, so wie Steve Harvey es getan hat? Hut ab, Steve Harvey, für eine großartige Show und eine denkwürdige Lektion.

Gebet

Herr Gott, du hast jeder und jedem von uns durch deinen Sohn neues Leben geschenkt. Wir sollten diese Gute Nachricht bereitwillig allen weitergeben, denen wir begegnen – und trotzdem zögern wir manchmal. Gib uns heute den Mut und die Kühnheit, jemandem, der dich nicht kennt, einfach zu erzählen, was du für uns getan hast.

12. Unsere persönliche Glaubensgeschichte

»Aber ihr werdet den Heiligen Geist empfangen und durch seine Kraft meine Zeugen sein in Jerusalem und ganz Judäa, in Samarien und überall auf der Erde.«

Apostelgeschichte 1,8

Erinnern Sie sich an eine Situation, in der Sie einem anderen, der mit Gott und Kirche wenig anfangen kann, von Ihrem Glauben erzählt haben? Erinnern Sie sich an Situationen, in denen Sie es hätten tun können, dann aber doch den Mut dazu nicht aufgebracht haben? Manchen von uns, wie Steve Harvey, fällt es leicht, über unseren Glauben zu reden. Andere, so wie ich, werden verlegen und wortkarg.

Vor ein paar Jahren habe ich an einem Seminar teilgenommen, bei dem ich ein paar Tipps bekam, wie man anderen gegenüber den Glauben bezeugen kann. Der Seminarleiter bat uns, unsere Geschichte in drei Teilen aufzuschreiben: wie unser Leben vor Christus war, wie wir ihm begegnet sind und wie unser Leben sich seinetwegen verändert hat.

Manche von uns hatten dramatische Geschichten. Die meisten nicht. Bei niemandem wurden die Probleme sofort gelöst, aber die Veränderungen, die Jesus ausgelöst hat, waren trotzdem ganz real: Frieden, Freude, Sinn, ein Gefühl seiner Nähe und Liebe. Und Hoffnung.

Nehmen Sie sich ein paar Minuten, um diese Übung selbst durchzuführen:

Bevor ich Christus begegnet bin, habe ich ...

Dann habe ich Jesus kennengelernt, als ...

Jetzt hat sich mein Leben verändert; das erkenne ich an ...

Wenn wir unsere Geschichte einmal in Worte gefasst haben, wird es uns leichter fallen, uns an sie zu erinnern und davon zu erzählen, wenn die Situation sich ergibt. Jeden Tag begegnen wir Menschen, die sich nach Frieden und Freude und Hoffnung sehnen. Menschen, die sich verloren und ungeliebt fühlen. Wir brauchen keine anspruchsvolle theologische Diskussion mit ihnen zu führen. Wir müssen nur unsere Geschichte erzählen, wie Jesus in unser Leben gekommen ist und uns verändert hat.

Im Gerichtssaal berichtet ein »Zeuge« einfach, was er oder sie gesehen und gehört und erlebt hat. Nehmen Sie sich doch ein paar Minuten Zeit, um Ihre eigene Geschichte aufzuschreiben, damit Sie sie anderen erzählen können, die Christus brauchen.

Gebet

Herr, danke, dass du mich liebst und mein Leben veränderst. Bitte hilf mir, mein Zeugnis in Worte zu fassen, damit ich bereit und willens bin, anderen mutig zu erzählen, was du in deiner Güte für mich getan hast.

13. Ringkampf

»Bleibt daher fest und unerschütterlich in eurem Glauben,
meine lieben Brüder und Schwestern!
Setzt euch mit aller Kraft für den Herrn ein,
denn ihr wisst: Nichts ist vergeblich,
was ihr für ihn tut.«

1. Korinther 15,58

Haben Sie schon mal wegen einer Entscheidung gebetet, aber als sie dann Gottes Hinweisen gefolgt sind, ist alles schiefgelaufen? Wahrscheinlich haben Sie sich dann gefragt: »War das wirklich Gottes Führung? Wie konnte er das zulassen?«

Mein Roman *Töchter der Küste* erzählt die wahre Geschichte niederländischer Einwanderer, die sich 1846 in dem kleinen Städtchen Holland im Bundesstaat Michigan niederließen. Diese treuen Christen und Christinnen, die in den Niederlanden wegen ihres Glaubens verfolgt worden waren, hatten gebetet, um herauszufinden, was sie tun sollten, und waren sicher, dass Gott sie nach Amerika führte, wo ihnen Religionsfreiheit gewährt wurde. Also verließen sie ihre schönen jahrhundertealten Städte, um in die jungfräuliche Wildnis von Michigan zu ziehen und in primitiven Blockhäusern zu wohnen. In jenem ersten Sommer gab es eine Malariaepidemie, bei der viele dieser Siedler umkamen.

Ein Jahr später ging ein Schiff namens *Phoenix* mit 225 Passagieren an Bord, darunter 175 niederländische Einwanderer, in Flammen auf und versank im Lake Michigan, fünf Meilen vor dem Ziel. 180 Männer, Frauen und Kinder starben. Während die Einwanderer ihre Angehörigen begruben, müssen sie sich doch gefragt haben: »Haben wir damals wirklich Gottes Stimme gehört? Wie konnte er diese Tragödien zulassen?«

Mit ähnlichen Fragen hatte ich zu kämpfen, als ich meinen ersten Roman *Sei du meine Stärke* schrieb. Ich hatte die Gelegenheit, bei einer archäologischen Ausgrabung in Israel mitzumachen, um für mein Buch zu recherchieren, und es schien mir eine Gebetserhörung Gottes zu sein. Mein Mann hatte mich zu dieser Exkursion ermutigt und sich bereit erklärt, mich in meiner Abwesenheit zu vertreten. Das Geld für meine Reise hatte ich mir als Tagesmutter verdient, neben meinen eigenen drei Kindern passte ich tagsüber auf drei weitere Kleinkinder auf.

Ein paar Tage vor der Abreise bekamen unsere Kinder Windpocken. Dabei entdeckten wir, dass mein Mann und ich nie die Windpocken gehabt hatten, und er wurde sehr krank. Ich rief den Reiseveranstalter an und versuchte, die Reise abzusagen oder zumindest zu verschieben, erfuhr aber, dass es keine Erstattung der Kosten gab und ich meinen Flug auch nicht umbuchen konnte.

Ich würde also all das Geld verlieren, für das ich so fleißig gearbeitet und gespart hatte. Trotz seiner Krankheit sagte mein Mann, ich solle fahren – aber jemand aus meiner Gemeinde rief an und sagte: »Offensichtlich will Gott, dass du zu Hause bleibst und Ehefrau und Mutter bleibst und nicht Schriftstellerin wirst.«

War es wirklich Gott gewesen, der mich zur Schriftstellerin berufen hatte? Warum war meine Familie ausgerechnet zum ungünstigsten Zeitpunkt krank geworden? Ich rang mit Gott um die Antworten.

In diesen Zeiten des Ringens merken wir oft, dass wir Gott näherkommen. Ich denke zum Beispiel an Jakob, der auf Gottes Befehl hin mit seiner Familie ins Gelobte Land zurückkehrte. Aber bevor er zu Hause ankam, erfuhr er, dass sein Bruder, der einmal gedroht hatte, ihn zu töten, ihm mit einer großen Armee entgegenkam. Jakob rang die ganze Nacht mit Gott und bekam einen neuen Namen. Aus Jakob, dem »Betrüger«, wurde Israel, was so viel bedeutet wie »Er kämpft mit Gott«.

Während ich mit Gott rang, was meine Reise nach Israel betraf, war die Lesung für meine Morgenandacht zufällig Psalm

48: »Wandert um den Berg Zion, geht rings um die Stadt und zählt ihre Festungstürme! Bestaunt die unbezwingbaren Mauern und Paläste! Dann könnt ihr der nächsten Generation erzählen ...« Ich beschloss, meine Familie Gott anzuvertrauen, und folgte meiner Berufung zur Schriftstellerin. Der Roman, für den ich recherchierte, *Sei du meine Stärke*, ist seitdem in neun Sprachen übersetzt worden.

Und was ist mit den niederländischen Siedlern aus meinem Roman *Töchter der Küste* geworden? Für den Fall, dass Sie das Buch noch nicht gelesen haben, werde ich keine Geheimnisse verraten, aber wenn Sie die Stadt Holland in Michigan besuchen, werden Sie feststellen, dass der Glaube der Einwanderer noch immer stark und lebendig ist. In der Stadt mit ihren 33.000 Einwohnern gibt es mehr als 70 Kirchen, darunter die Pillar Church, die von den ersten Siedlern im Jahr 1856 erbaut wurde.

Gebet

Himmlischer Vater, manchmal werden wir so mutlos, dass wir anfangen daran zu zweifeln, ob wir wirklich deine Stimme gehört haben. Sprich zu uns, Herr, und schenke uns den Glauben, in diesen schwierigen Zeiten standhaft zu bleiben, weil wir wissen, dass du einen Plan und ein Ziel für jeden von uns hast, der größer ist als das, was wir sehen können.

14. Zeit zum Unkrautjäten

»Wenn ihr viel Frucht bringt und euch so als meine Jünger erweist, wird die Herrlichkeit meines Vaters sichtbar.«

JOHANNES 15,8

Ich weiß, dass es Menschen gibt, die gerne gärtnern. Sie genießen das Hegen und Pflegen der Pflanzen, das Setzen von Zwiebeln und das Planen von Staudenbeeten, damit in jeder Saison herrliche Blumen blühen. Meine Nachbarin ist so ein Mensch. Ich gehe an ihrem Haus vorbei und bin ganz neidisch auf ihre Kreativität und Gewissenhaftigkeit.

Ich selbst mache andere Dinge lieber. Auch wenn ich mich am Ende freue, wenn mein Garten ordentlich und einladend aussieht, macht mir die Arbeit, die dafür nötig ist, einfach keinen Spaß. Nichtsdestotrotz wurde ich gezwungenermaßen zum Gärtner in unserer Familie, als mein Mann sich einen Muskel in der Schulter gezerrt hatte. Das Unkraut hatte kein Mitleid mit seiner Verletzung und organisierte gleich eine feindliche Übernahme.

Kann jemand mir erklären, warum Unkraut so robust ist und so schnell wächst, während seine schönen, kultivierten Verwandten gehätschelt werden müssen? Oder warum Rehe und Kaninchen das Unkraut ignorieren und sich an meinen Blumen gütlich tun, als wäre es eine Salatbar?

Während ich unseren überwucherten Garten in Angriff nahm, fiel mir auf, dass das Gärtnern eine gewisse Ähnlichkeit hatte mit der Art, wie ich schreibe. Meine ersten Entwürfe sind normalerweise ein wucherndes Gewirr aus Wörtern. Meine Strategie ist, das weiße Blatt zu erobern und irgendetwas zu Papier zu bringen, egal, wie schlecht es ist, und es mir später wieder vorzunehmen und zu verbessern. Es macht mich weniger unsicher, wenn ich beim ersten Schreiben nicht so kritisch bin.

Irgendwann kommt unweigerlich der Tag, an dem ich das Durcheinander entwirren muss. Unkraut im Garten zu finden, ist in der Regel einfach: Wenn die Wurzeln bis nach China reichen, dann ist es wahrscheinlich Unkraut. Wenn es sich leicht herausziehen lässt – ups! Das war höchstwahrscheinlich ein Fehler.

Wenn ich mein Manuskript zum ersten Mal redigiere, ist es leicht, das Unkraut zu finden, vor allem, wenn ich mich an die Regeln guter Schriftstellerei erinnere.

Als ich mit dem Unkrautjäten fertig war, hatte ich einen riesigen Sack voller Unkraut, aber der Garten sah immer noch ziemlich zugewachsen aus. Ich musste mich noch einmal mit der Gartenschere darüber hermachen und einige Büsche und Pflanzen auch noch zurückschneiden. Das mache ich überhaupt nicht gerne, weil ich immer Angst habe, ich könnte zu viel abschneiden und die Pflanze umbringen.

Genauso ist es mit meinem Manuskript. Selbst nachdem das Unkraut schlechter Grammatik ausgezupft ist, muss meine Prosa manchmal noch zurechtgestutzt werden. Wenn ich in besonders kritischer Stimmung bin, laufe ich Gefahr, zu viel zu kappen und das Ganze zu verderben. Trotzdem führt kein Weg daran vorbei.

Es war ein gutes Gefühl, als ich mir schließlich die Ergebnisse meiner Gartenarbeit ansah. Und auch wenn es mir gar nicht recht war, dass ich wertvolle Zeit, die ich lieber zum Schreiben genutzt hätte, dafür opfern musste, konnte ich, als ich endlich wieder am Schreibtisch saß, die nötige Bearbeitung meines Manuskripts mit neuer Energie in Angriff nehmen.

Und was ist mit dem Unkrautjäten in meinem geistlichen Garten? Jesus hat gesagt: »Ich bin der Weinstock und ihr seid die Reben« und: »Mein Vater ist der Weingärtner. Alle Reben am Weinstock, die keine Trauben tragen, schneidet er ab. Aber die fruchttragenden Reben beschneidet er sorgfältig, damit sie noch mehr Frucht bringen«. Das klingt ziemlich nach Gartenarbeit und Manuskriptbearbeitung, oder?

Gott möchte Früchte wie Liebe, Freude und Geduld sehen – und nicht Unkraut wie Zorn, Tratsch und Bitterkeit. Wenn es mein Ziel ist, dass mein Leben in den Augen Jesu wie der Garten meiner Nachbarin aussieht, dann habe ich noch eine Menge zu tun.

Gebet

Herr Jesus, ich weiß, dass du mein Leben fruchtbar machen willst. Bitte hilf mir, das Unkraut zu sehen, das mich am Wachstum hindert, und es auszureißen. Hilf mir, deine Zeit des Zurückschneidens nicht zu fürchten, sondern daran zu denken, dass es zu meinem Besten und zu deiner Ehre geschieht.

15. Der Sabbat-Tisch

»Denke an den Sabbat als einen Tag,
der mir allein geweiht ist!
Sechs Tage sollst du deine Arbeit verrichten,
aber der siebte Tag ist ein Ruhetag,
der mir, dem Herrn, deinem Gott, gehört.«

2. Mose 20,8-10

Eine meiner Lieblingsbeschäftigungen am Wochenende ist es, den Sabbat mit unseren jüdischen Verwandten und Freunden zu feiern. In den Stunden, bevor ich eintreffe, sind sie fleißig gewesen und haben Brot gebacken und genügend Essen für die nächsten vierundzwanzig Stunden zubereitet. Der Tisch ist festlich gedeckt und der Duft, der aus der Küche herüberzieht, lässt meinen Magen knurren.

Ich setze mich und genieße die lange, entspannte Mahlzeit mit einem großen Seufzer der Erleichterung, weil ich weiß, dass ein ganzer Ruhetag vor mir liegt, an dem ich nicht herumrennen und tausend Dinge auf einmal tun oder alles auf meiner To-do-Liste erledigen muss. Alle Vorbereitungen sind erledigt.

Der Gastgeber eröffnet die Mahlzeit, indem er einen Segen über dem Brot spricht. Es gibt immer zwei Laibe als Erinnerung an die Zeit, in der die Israeliten mit Mose durch die Wüste gewandert sind und Gott am Abend des Sabbats für die zweifache Menge Manna gesorgt hat, damit das Volk einen Tag ausruhen konnte. Unser Gastgeber bricht das Brot in Stücke und gibt jedem am Tisch davon.

Als Nächstes spricht er einen Segen über dem Wein, der ebenfalls herumgereicht wird. Die Rituale mit Brot und Wein erinnern mich an das Abendmahl und an den Befehl Christi: »*Denkt daran, was ich für euch getan habe, sooft ihr dieses Brot esst!*« Ich kann mir gut vorstellen, wie die Jünger Jesu sich an jedem Sabbat an seine Worte und sein Opfer erinnerten, während sie diese Tradition fortsetzten.

Eines der Zehn Gebote lautet: »Denke an den Sabbat als einen Tag, der mir allein geweiht ist!«, was bedeutet, dass er anders sein soll als der Alltag. Das Essen für den Sabbat ist etwas Besonderes und oft teuer. Wir ziehen uns festlich an.

Es wird gesungen und gelacht, während wir gemeinsam essen und die Gemeinschaft mit Familie und Freunden genießen. Normalerweise will ich nicht, dass das Sabbatmahl endet.

Letzten Sonntag haben wir in unserer Gemeinde Abendmahl gefeiert. Ich kam nach einer schrecklichen Woche völlig überfordert und genervt im Gottesdienst an. Ich fühlte mich verletzlich und niedergeschlagen. Dann wiederholte unser Pastor die Worte Jesu über Brot und Wein und lud die Gemeinde ein, an den »Tisch des Herrn« zu kommen. Diese traditionelle Einladung klang für mich plötzlich ganz neu.

Ich hörte, wie Christus mich an seinen Tisch einlud – einen Sabbat-Tisch. Er hatte alle Arbeit getan. Brot und Wein waren teuer erkauft. Jetzt lud er mich ein zu kommen und eine Zeit enger Gemeinschaft mit ihm zu erleben.

Ich verstand seine Worte als eine Einladung zur Ruhe und, was noch wichtiger war, zur Ruhe in ihm. Ich konnte aufhören zu kämpfen und mich abzumühen. Ich war sein geliebtes Kind. Ich brauchte nichts zu tun, um mir seine Liebe zu verdienen, sondern einfach nur an ihn glauben und seine Einladung annehmen.

Mein Bild vom Sabbat-Tisch verschwamm mit dem Abendmahlstisch. Ich glaube, jetzt verstehe ich die Einladung Jesu aus Matthäus 11,28 etwas besser: »*Kommt alle her zu mir, die ihr euch abmüht und unter eurer Last leidet! Ich werde euch Ruhe geben.*« Es lohnt sich, diese Einladung anzunehmen.

Gebet

Herr Jesus, ich danke dir und lobe dich dafür, dass du an meiner Stelle am Kreuz gestorben bist. Ich weiß, dass ich niemals genug tun oder gut genug sein könnte, um Gottes Vergebung zu verdienen. Hilf mir, wann immer ich es trotzdem versuchen will, mich daran zu erinnern, dass ich in dir Ruhe finden kann.

16. Das Geheimnis

*»Wie ein Bräutigam sich an seiner Braut freut,
so wird dein Gott sich über dich freuen.«*

JESAJA 62,5

Die Hochzeit mit ihrem Märchenthema war wundervoll. Der Neffe meines Mannes und seine Braut waren ein bezauberndes Paar. Später bei der Party bat der DJ Braut und Bräutigam und alle anderen Ehepaare auf die Tanzfläche zu einem generationsübergreifenden Tanz.

Zuerst war es ziemlich voll, aber jedes Mal, wenn der DJ eine Zahl nannte – fünf Jahre, zehn Jahre und so weiter –, mussten die Paare, die erst so lange verheiratet waren, sich setzen. Am Ende blieben nur das Brautpaar und das am längsten verheiratete Paar übrig.

Es überraschte mich, dass Ken und ich als Sieger vom Platz gingen. Wir waren seit mehr als 46 Jahren verheiratet. Der DJ gab uns ein Mikrofon und bat uns, dem frischgebackenen Ehepaar das Geheimnis unserer langen, glücklichen

Ehe zu verraten. Ich bin nicht sicher, was ich gesagt habe, weil ich keine Zeit hatte, mich darauf vorzubereiten.

Seitdem habe ich oft darüber nachgedacht und hier sind zwei unserer »Geheimnisse«.

- Das Wichtigste ist, dass Sie Ihre Ehe auf Christus bauen. Da es das lebenslange Ziel aller Christen ist, Gott zu lieben und zu dienen und zu verherrlichen, wird die Ehe sehr schwierig, wenn Ihr Partner ein Ziel hat, das im Widerspruch dazu steht.
- Mehr noch: Eine erfolgreiche Ehe erfordert ganz oft Güte und Vergebung. Und die liegen nicht in unserer Natur. Was wahre Liebe und Vergebung sind, lernen wir von Gott, der trotz unserer dummen Fehler nicht aufhört, uns zu lieben, und der uns vergibt und dafür einen hohen Preis zahlt. Das Geheimnis einer glücklichen Ehe ist, seinem Vorbild zu folgen und einander zu lieben, auch wenn es uns etwas kostet.

Ken und ich waren gerade mit dem Grundstudium am College fertig, als wir heirateten, und wir hatten jeder Träume und Ziele für unser Leben. Kens erstes Ziel war ein Aufbaustudium an der Universität von Yale, also stellte ich meine Träume ein paar Jahre hintan und arbeitete, um uns zu ernähren. Sein größerer Traum war es, in einem Sinfonieorchester zu spielen, und als er nach seinem Examen eine

Stelle als erste Trompete im Staatsorchester in Bogota, Kolumbien, bekam, ließen wir Familie und Freunde zurück, um nach Südamerika zu ziehen.

Ein paar Jahre später machten wir es wieder so, als Ken die erste Trompete im Orchester in Thunder Bay, Ontario, spielte, und später in Winnipeg, Manitoba, wo wir volle elf Jahre verbrachten. Und kanadische Winter sind lang und eisig kalt.

In der Zwischenzeit wuchs unsere Familie und mein Traum war es, bei unseren Kindern zu Hause zu sein. Ken nahm neben seinem Orchester noch mehrere Jobs an, damit ich nicht berufstätig sein musste: Er gab Trompetenunterricht, engagierte sich als Chorleiter in einer Kirchengemeinde und spielte an manchen Wochenenden bis in die frühen Morgenstunden in einer Tanzkapelle. Als ich anfing, meinen Traum von der Schriftstellerei zu verwirklichen, wurde Ken sofort mein entschiedenster Anwalt und Motivator.

Ich werde nie den Tag vergessen, an dem er mit unserem ersten Computer nach Hause kam – ein Gerät, das wir uns eigentlich gar nicht leisten konnten. Ich hatte noch kein einziges Wort veröffentlicht, aber er war davon überzeugt, dass ich irgendwann eine großartige Schriftstellerin sein würde. Und deshalb ist mein zweites Geheimnis für eine lange und glückliche Ehe, sich Zeit zu nehmen, um gemeinsam im Gespräch mit Gott und mit dem Partner Pläne zu schmieden und Träume zu entwickeln. Und dann sollten Sie alles tun, was in Ihrer Macht steht, und Opfer bringen, wann immer Sie können, um Ihrem Partner zu helfen, diese Träume Wirklichkeit werden zu lassen.

Der Bund, den Gott mit uns in Christus geschlossen hat, ähnelt dem, den wir eingehen, wenn wir heiraten. Jesus hat uns in Liebe zu sich gezogen. Er hat versprochen, uns nie zu verlassen oder aufzugeben. Seine Liebe für uns ist selbstaufopfernd und immer vergebend und aufbauend. Er will nur das Beste für uns. Im Buch der Offenbarung werden wir als Braut Christi dargestellt und irgendwann werden wir das Hochzeitsmahl des Lammes mit ihm feiern. Ein Hochzeitsfest! In der Zwischenzeit bete ich, dass ich Christus immer ähnlicher werde und andere Menschen so lieben kann, wie er es tut.

Gebet

Liebender Gott, unsere sündhafte Natur macht uns selbstsüchtig. Wir können andere nur richtig lieben, wenn wir uns an deine selbstlose Liebe zu uns erinnern. Hilf uns zu wachsen und uns zu ändern und immer mehr wie du zu werden, wenn wir leben und lieben.

17. Anders

»Glücklich sind, die Frieden stiften,
denn Gott wird sie seine Kinder nennen.«

MATTHÄUS 5,9

Der junge Mann, der allein am Pier stand und auf den Michigansee hinausblickte, war in vielerlei Hinsicht anders als ich – sein Alter, sein ethnischer Hintergrund, seine Kleidung, um nur einiges zu nennen. Aber wie ich war er offensichtlich an diesem warmen Herbstnachmittag zum Strand gekommen, um den herrlichen Tag und den wunderbaren Ausblick zu genießen. Weil ich schüchtern und still bin, kam es mir gar nicht in den Sinn, ihn anzusprechen. Aber meine Freundin Cathy ist von Natur aus offen und fing eine Unterhaltung mit ihm an. Ich beschloss, über meinen Schatten zu springen und mich am Gespräch zu beteiligen.

An diesem Morgen hatte unser Pastor uns im Gottesdienst ermutigt, uns nicht auf die Dinge zu konzentrieren, die uns trennen – unsere politischen Ansichten, unseren sozialen Status, unsere Religion, unser Geschlecht, die sexuelle Orientierung, den ethnischen Hintergrund –, und stattdessen das *Imago Dei*, das Ebenbild Gottes, in den Menschen um uns herum zu sehen.

Nach einer politischen Zeit, die unser Land zerrissen und wütend gemacht hat, forderte unser Pastor uns auf, Friedensstifter zu sein und Schalom und »Heilung« in unsere kleine Ecke der Welt zu bringen, zu einem Menschen nach dem anderen.

Und deshalb fing ich trotz meines Unbehagens an, mit »Jason« zu reden. Ich merkte schnell, dass er in keine der Schubladen passte, die seine äußere Erscheinung suggerierte. Mit warmer, leiser Stimme erzählte »Jason« uns, er sei neu in der Stadt und habe noch keine Freunde gefunden.

Er war aus einer Großstadt hergezogen, weil er ein anderes Leben suchte als das, was er bislang geführt hatte, und neu anfangen wollte. Er hatte jetzt eine gute Stelle als Restaurantleiter und eine schöne Wohnung. Und er kam gerne an den Strand, um den See zu beobachten, der sich immer wieder veränderte.

Wir genossen unsere angenehme Unterhaltung und das gemeinsame Lachen, bis wir jeder wieder unserer Wege gingen. Ich hoffe, dass die stereotypen Vorstellungen, die er vielleicht von mir hatte, sich ebenso aufgelöst hatten. Denn so unterschiedlich, wie Jason und ich sind, sind wir doch auf eine Weise gleich – nämlich von Gott geliebt. Und diese Gemeinsamkeit ist das Wichtigste, was es gibt.

Ich bete, dass ich Menschen von jetzt an anders begegne. Mit »Jason« zu reden, war ein winziger Vorgeschmack darauf, wie wunderbar es ist, Menschen als Individuen zu sehen anstatt in Kategorien. Und ich frage mich unwillkürlich, wie viele »Jasons« es um mich herum gibt, die ich zu Unrecht als »anders« kategorisiert habe.

Und auch wenn ich nicht vorhabe, mir den Austausch und das Gespräch mit Fremden am Strand zur Gewohnheit zu machen, will ich doch in Zukunft darauf achten, was mich mit den Menschen um mich herum verbindet, anstatt das Augenmerk auf unsere Unterschiede zu richten.

Ich will eine Friedensstifterin sein und Schalom und Heilung bringen, wohin ich auch gehe, und dabei den einen Menschen im Blick haben, der mir gerade in den Weg gestellt ist, und dann den nächsten. Stellen Sie sich vor, wie anders unsere Welt werden könnte, wenn wir es alle so machten!

Gebet

Himmlischer Vater, vergib mir, dass ich andere nach ihrem Äußeren beurteilt habe, ohne zu wissen, wie es in ihren Herzen aussieht. Hilf mir, daran zu denken, dass wir alle nach deinem Ebenbild geschaffen sind. Ich bitte dich darum, dass ich den Funken des Imago Dei in jedem Menschen, dem ich begegne, suche und entfache.

18. Licht sein

»Ihr seid das Licht, das die Welt erhellt.
Eine Stadt, die oben auf einem Berg liegt,
kann nicht verborgen bleiben. ...
Genauso soll euer Licht vor allen Menschen leuchten.
Dann werden sie eure guten Taten sehen
und euren Vater im Himmel preisen.«

MATTHÄUS 5,14-16

Mir als Schriftstellerin hilft es, dass ich gut allein sein kann und niemand anderen zum »Reden« brauche als meine Charaktere. Selbst wenn ich eine Pause mache, um Einkäufe zu erledigen, bin ich in Gedanken oft bei meinem Roman, sodass ich Menschen um mich herum gar nicht wahrnehme. Wenn es darum geht, über Gottes Liebe nachzudenken, dann wird meine Neigung zum Einzelgängertum allerdings ein Hindernis.

Ich habe einmal ein Zitat gelesen, das mich aufforderte, mir mehr Mühe zu geben, wenn es darum geht, meinen Nächsten zu lieben: »Du bist vielleicht die einzige Bibel, die dein

Nächster jemals lesen wird.« Wenn der Heilige Geist in mir lebt, sollten das die Menschen, denen ich begegne, dann nicht auch merken? Hier sind ein paar Gedanken, die mir dabei helfen, es besser zu machen.

1. Daran denken zu lächeln. Die Freude ist eine Frucht des Heiligen Geistes und etwas, das uns als Christen von anderen unterscheidet. Sie sollte mir anzusehen sein.
2. Geduld üben – auch eine Frucht des Heiligen Geistes –, vor allem, wenn Menschen Fehler machen oder ich gezwungen bin zu warten. Gott hat mit mir ja auch Geduld!
3. Einfach so freundlich sein – noch eine Frucht. Ich könnte sogar gezielt jemanden aufsuchen, der etwas Hilfe gebrauchen kann.
4. Selbstbeherrschung üben, egal wie frustriert ich bin. »Irren ist menschlich – verzeihen ist göttlich« und ich will doch Jesus immer ähnlicher werden.
5. Jemandem ein Kompliment machen oder ein Mut machendes Wort sagen. Sanftmut ist eine sehr seltene Frucht des Geistes.
6. Bleiben noch Frieden und Treue (siehe Galater 5,22). Haben Sie eine Idee, wie Sie diese beiden Früchte des Geistes zum Ausdruck bringen können? Heute?

Haben Sie noch mehr Ideen, die Ihnen helfen, zu Gottes Ehre heller zu leuchten?

19. Kens Vater und Charlie

»Ich versichere euch:
Er wird sich über das eine Schaf mehr freuen
als über die neunundneunzig,
die sich nicht verlaufen haben.
Genauso ist es mit eurem Vater im Himmel:
Er will nicht, dass einer dieser kleinen,
unbedeutenden Menschen verloren geht.«

MATTHÄUS 18,13-14 (GNB)

Mein Mann Ken hatte als Junge einen besten Freund, der Charlie hieß. In einer Zeit, als Kinder mit dem Fahrrad durch die ganze Stadt fuhren, am Bach Dämme bauten und draußen spielten, bis es dunkel wurde, machten Ken und Charlie alles zusammen. Sie waren in derselben Pfadfindergruppe, gingen in dieselbe Grundschule, bauten gemeinsam Modellautos. Als Kens Vater mit ihm fischen ging oder im Wald zeltete, kam Charlie mit. Diese Ausflüge wurden noch wichtiger für Charlie, als sein Vater sehr früh starb.

Nach der Highschool verloren die beiden besten Freunde sich aus den Augen, nachdem sie zu unterschiedlichen Colleges gingen. Aber als Ken in diesem Jahr bei einem Ehemaligentreffen seiner Schule war – das erste Mal überhaupt –, war Charlie da, auch er zum ersten Mal. Es ist erstaunlich, wie viel diese beiden Männer immer noch gemeinsam haben und wie sie wieder miteinander verbunden waren, als wären die ganzen Jahre dazwischen nie gewesen. Bei dieser Begegnung erzählte Charlie uns eine Geschichte, die uns zutiefst berührte.

Als er vierzehn Jahre alt war, übergab Charlie sein Leben Jesus. Sein Jugendleiter forderte ihn auf, an einen wichtigen Menschen zu denken, der den Herrn nicht kannte, und jeden Tag für ihn zu beten. Charlie entschied sich für Kens Vater.

Kens Vater war ein gütiger, sanfter Mann, der den größten Teil seines Lebens als Holzschnitzer für eine noble Möbelfirma arbeitete. Seine Eltern ließen sich scheiden, als er noch sehr klein war, und weil sie arm waren, fühlte er sich zwischen den Menschen in der Kirche fehl am Platze und nicht willkommen. Er verließ die Schule nach der achten Klasse und ging arbeiten, um seine Mutter und seine Schwester zu unterstützen. Selbst nachdem er geheiratet und selbst sechs Kinder hatte – mein Mann war der jüngste in der Familie –, hielt er sich nie für »gut« genug, um in die Kirche zu gehen.

Er war in jeder Hinsicht ein wunderbarer, liebevoller Vater, weshalb seine Familie und Kinder wie Charlie ihn so sehr liebten. Aber er hat nie ein Wort über den Glauben oder Gott verloren.

Es ist schwierig, mit den Angehörigen, die uns am nächsten sind, über unseren Glauben zu sprechen und darüber, dass wir alle Christus brauchen. Jedes Jahr kommen wir an Weihnachten und anderen Festtagen zusammen und würden unsere Verwandten so gerne zu Jesus führen – aber irgendwie finden wir nie die richtigen Worte. Und so vergehen die Jahre und wir hoffen immer, dass es einen besseren Zeitpunkt geben wird, eine Gelegenheit, bei der es uns leichter fällt zu sagen, was wir auf dem Herzen haben. Und zu oft kommt das Ende, bevor wir diese Gelegenheit haben.

Charlie betete jeden Tag für Kens Vater – sein ganzes Studium hindurch, in all den Jahren, in denen er und seine Frau ihre Kinder großzogen. Er zog in eine andere Stadt und Ken und er hatten keinen Kontakt mehr, aber er betete weiter und fragte sich, ob seine Gebete jemals erhört wurden.

Bevor er mit 82 Jahren starb, kam Kens Vater zum letzten Mal ins Krankenhaus. Charlies Mutter arbeitete zufällig in demselben Krankenhaus, und weil sie sich daran erinnerte, dass sie damals Nachbarn gewesen waren, besuchte sie ihn in seinem Zimmer. Sie fragte ihn, wie es ihm gehe, und Kens Vater sagte: »Ich habe meinen Frieden gefunden. Ich habe mein Leben Jesus übergeben und habe Frieden.« Charlies Gebete waren endlich erhört worden.

Charlies Geschichte hat mir klargemacht, dass ich zwei Dinge tun soll.

1. Ich sollte niemals aufhören, für Angehörige zu beten, dass sie Christus als ihren Herrn annehmen, egal, wie lange es dauert. Ich bete, dass ich die richtige Gelegenheit und die richtigen Worte finde, um mit ihnen zu reden, und dass ich es liebevoll tue.
2. Ich verpflichte mich dazu, so wie Charlie es getan hat, gewissenhaft für jemanden zu beten, der mir wichtig ist, selbst wenn ich vielleicht nie erfahre, ob diese Gebete erhört werden.

Aber ich weiß, dass wir Kens Vater irgendwann im Himmel wiedersehen werden. Und für diese Gewissheit sage ich: »Danke, Jesus.« Und danke, Charlie.

Gebet

Herr Jesus, ich bringe dir einen lieben Menschen, der dich noch nicht als Herrn und Heiland kennt. Du bist der Gute Hirte, der nie aufhört, sein verlorenes Schaf zu suchen. Gib mir die richtigen Worte und die richtige Gelegenheit, diesem Menschen von deiner Liebe zu erzählen und ihm zu helfen, dass er zu dir findet.

20. Offen für den Himmel

»Der Herr schützt dich vor allem Unheil,
er bewahrt dein Leben. Er gibt auf dich acht,
wenn du aus dem Haus gehst und wenn du wieder
heimkehrst. Jetzt und für immer steht er dir bei!«

Psalm 121,7-8

Wenn wir mit unseren jüdischen Freunden und Verwandten das Laubüttenfest (auf Hebräisch *Sukkot*) feiern, macht es mir besonders viel Spaß, auf unserer Terrasse eine Hütte zu bauen. Zuerst errichten wir aus Kanthölzern einen Rahmen, den wir dann auf drei Seiten mit Planen zuhängen. Dann kommt der spannende Teil – nämlich dieses Gestell mit natürlichen Materialien wie Maisstängeln, Rohrkolben und Kiefernzweigen zu schmücken. In diesem Jahr hatten wir Minze und russischen Salbei, sodass die Hütte herrlich duftete.

Zum Schluss kommt der heimelige Touch – eine Tischdecke und Servietten, Kerzen, das Aufhängen von Laternen und sogar Bildern. In diesem Jahr hat das Wetter mitgespielt, sodass wir alle Mahlzeiten draußen in der Hütte einnehmen konnten, ohne dass wir nass wurden oder uns in mehrere Schichten Pullover hüllen mussten.

Das jüdische Volk lebt an diesen Festtagen in Hütten, um sich daran zu erinnern, dass Gott auf sie aufgepasst und sie beschützt und ihnen alles gegeben hat, was sie brauchten, während sie vierzig Jahre lang durch die Wüste zogen. Und deshalb ist eine der »Regeln« für eine richtige Laubhütte, dass das Dach nicht ganz sein darf. Man soll den Himmel und die Sterne sehen können, wenn man nach oben blickt, und daran denken, dass Gott uns beschützt. Er hält uns in seiner Hand.

Das Laubhüttenfest ist eines von drei Festen im Jahr, die das Volk Israel feierte, weil Gott es ihnen geboten hatte. Es findet im Herbst statt und ist eine Dankesfeier für die Ernte, so wie wir es auch kennen.

Aus dem siebten Kapitel des Johannesevangeliums wissen wir, dass Jesus das Gebot befolgte und nach Jerusalem zog, um das Fest mit seinen Jüngern zu feiern.

Ich finde es interessant, dass Gott das Laubhüttenfest zum Gebot machte. So wichtig fand er es also, dass seine Kinder sich Zeit nehmen und an alles denken, was er für sie getan hat. Dass wir daran denken, wie er alle unsere Bedürfnisse stillt – auch durch eine reiche Ernte.

In der Beschreibung des Fests im dritten Buch Mose

sagt Gott mehrmals, dass die Menschen aufhören sollen zu arbeiten. Dies ist ein Ruhetag! Ihr sollt keine Arbeit verrichten! Das ist ein Vertrauensbeweis. Wir können aufhören zu arbeiten – er hält uns in der Hand.

Als das diesjährige Laubüttenfest näher kam, war ich mit dem Zeitplan meines jüngsten Romans schon ziemlich ins Hintertreffen geraten. Ich konnte es mir eigentlich gar nicht leisten, Urlaub zu nehmen. Außerdem bin ich ja nicht mehr an alttestamentliche Gesetze gebunden, oder? Andererseits wollte ich so gerne die Zeit mit Familie und Freunden verbringen!

In meiner täglichen Andacht las ich gerade ein Buch darüber, wie man in einer hektischen Welt den Geist des Sabbats finden kann. Die Autorin findet, dass Gott uns auch deshalb gebietet, die Arbeit ruhen zu lassen, weil es ein Vertrauensbeweis ist.

Wir müssen uns immer wieder daran erinnern, dass die Welt nicht aufhören wird, sich zu drehen, wenn wir uns einen Tag freinehmen. Gott hat alles unter Kontrolle. Mit anderen Worten, anstatt ständig um uns herum die Dinge anzustarren, die wir tun sollten, müssen wir nach oben blicken!

Gottes Fähigkeit, uns mit allem Nötigen zu versorgen, wenn wir nur vertrauen und gehorchen, ist grenzenlos – so wie es die Israeliten taten, als sie in Zelten in der Wüste lebten. Ich kann ausruhen und vertrauen. Also schaltete ich meinen

Computer fünf Tage lang aus, während unsere Verwandten hier waren, und feierte dieses Freudenfest. Und wissen Sie was? Als ich am Ende des Monats meine Seiten zählte, hatte ich sogar mehr geschrieben, als ich mir vorgenommen hatte.

Ich frage mich, was geschehen würde, wenn ich jeden Tag des Jahres so leben würde? Wenn ich, anstatt wie ein Zirkusjongleur alle Bälle in der Luft halten zu wollen, daran denken würde, dass Gott den Ruhetag zu meinem eigenen Vorteil eingerichtet hat. Seine Ruhe ist ein kostbares Geschenk.

Ich sehe die Szene förmlich vor mir, wie Jesus mit seinen Jüngern in einer Laubhütte sitzt, zum Himmel hinaufblickt und sagt: »*Seht euch die Raben an! Sie säen nichts und ernten nichts, sie haben keine Vorratskammern und keine Scheunen. Gott versorgt sie. Und ihr seid ihm doch viel wichtiger als diese Vögel!*«

Gebet

Himmlischer Vater, du hast am siebten Tag von deiner Arbeit ausgeruht und damit das Vorbild für einen Ruhetag gegeben. Du hast uns geschaffen und weißt, dass wir Ruhe brauchen, selbst wenn wir so dumm sind, dieses Bedürfnis zu ignorieren. Vergib uns, dass wir dieses Geschenk ablehnen und weiterarbeiten, als wären unsere Prioritäten wichtiger als deine. Danke für dein Gebot auszuruhen.

21. Dünne Luft

»Aber ihr werdet den Heiligen Geist empfangen
und durch seine Kraft meine Zeugen sein
in Jerusalem und ganz Judäa,
in Samarien und überall auf der Erde.«

APOSTELGESCHICHTE 1,8

Mein Mann und ich haben einmal eine Woche Urlaub in den Rocky Mountains in Colorado gemacht und es war eine wunderbare Zeit! Erstens waren wir überall von Gottes herrlicher Schöpfung umgeben – atemberaubende Berge, sprudelnde Bäche, üppige Flora und Fauna. Es fiel leicht, Gott in jedem wachen Moment zu loben und an seine Herrlichkeit und Macht zu denken.

Zweitens konnte ich jeden Tag tun, was ich besonders gerne tue – im Wald wandern. Die Landschaft war erfrischend anders als die vertrauten Wälder und Strände hier in Michigan, die ich täglich sehe. Dort gab es Berge, wohin ich auch sah!

Aber das Beste war, dass wir bei diesem Urlaub Zeit mit einem unserer Söhne, unserer Tochter, unserem Schwiegersohn und unserem Enkel verbringen konnten. Wir teilten uns ein Ferienhaus und konnten jeden Tag entspannen und reden und essen und wandern.

Vor diesem Urlaub hatte ich fleißig an einem Buch gearbeitet und ich gebe zu, dass die Sache sich ein bisschen festgefahren hatte. Mein Kopf fühlte sich an, als wäre er mit Sirup gefüllt, und die Wörter und Ideen wollten einfach nicht kommen. Ich brauchte eine Pause und einen Tapetenwechsel. Vielleicht neue Inspiration. Zum Glück fand ich in unserem Urlaub all das – und noch mehr.

An unserem ersten Wandertag fing ich nach fünf Minuten schon an zu schnaufen und zu keuchen. Ich hatte gedacht, ich wäre ziemlich fit – was war nur mit mir los? Die Antwort war »dünne Luft.« Unser Haus lag auf einer Höhe von 2.400 Metern und wir wanderten sogar noch höher hinauf.

Mir hat mal jemand erklärt, dass die Luft in dieser Höhe 45 % weniger Sauerstoff enthält, und deshalb rang ich um Atem! Dinge, die zu Hause einfach waren, wurden in so dünner Luft viel schwerer.

Während ich über diese Tatsache nachdachte, wurde mir bewusst, warum es mit meiner Schreiberei in letzter Zeit nicht so gut gelaufen war. In der Bibel wird der Heilige Geist manchmal mit Luft oder Wind verglichen. Jesus hat seinen Jüngern versprochen, dass sie Kraft von oben empfangen würden, wenn der Heilige Geist kam, und tatsächlich wurden sie verwandelt, als an Pfingsten der Wind vom Himmel wehte und sie mit dem Heiligen Geist erfüllt wurden.

Wir alle brauchen die Kraft des Heiligen Geistes, um die Arbeit zu tun, die Gott uns aufgetragen hat. Ich vergesse das manchmal und versuche, in »dünner Luft« zu schreiben, indem ich mich auf meine eigenen Erfahrungen und mein Wissen verlasse anstatt auf die Eingebung des Heiligen Geistes. Kein Wunder, wenn ich da ins Schnaufen komme! Wenn ich nach dieser Woche an meinen Schreibtisch und zu meinem Manuskript zurückkehre, will ich mit den Worten eines Liedes beten, das ich sehr liebe: »Geist des lebendigen Gottes, falle neu auf mich herab ...«

Wie ist die Luft dort, wo Sie Ihrem Schöpfer dienen? Schnaufen und keuchen Sie allein vor sich hin oder lassen Sie sich vom Wind des Heiligen Geistes stärken?

Gebet

Herr Jesus, ich versuche so oft, dein Werk mit meinen eigenen Fähigkeiten zu vollbringen – und dann wundere ich mich, wenn mir die Kraft ausgeht. Ich bitte dich, erfülle mich wieder mit deinem Heiligen Geist. Hilf mir, daran zu denken, dass wir mit dir arbeiten sollen, nicht für dich.

22. Danke, Mom!

»Ihre Kinder reden voller Stolz von ihr …
Anmut kann täuschen und Schönheit vergeht –
doch wenn eine Frau Ehrfurcht vor dem Herrn hat,
dann verdient sie das höchste Lob!«

SPRÜCHE 31,28.30

Wenn man neunzig Jahre alt wird, kann man in seinem Leben erstaunliche Dinge erreichen – und meine Mutter, Virginia »Jinny« Davis, hat das getan. Ihren neunzigsten Geburtstag haben wir mit der Familie und ihren Freunden und Nachbarn gefeiert. Wenn meine Mom nicht wäre, wäre ich keine Schriftstellerin. Und wahrscheinlich auch keine Christin. Sie hat großen Einfluss auf meine Liebe zu Büchern und auf meinen Glauben an Christus gehabt.

Zu meinen ersten Erinnerungen an meine Mutter gehören die Gute-Nacht-Geschichten, die sie mir und meinen beiden Schwestern Bonnie und Peggy vorgelesen hat. Wir hatten immer viele Bücher im Haus und Ausflüge zur Stadtbücherei – auch wenn wir dafür weit laufen mussten – waren für uns ganz normal. Moms Liebe zu Büchern fing an, als sie als Mädchen während der Weltwirtschaftskrise die Stadtbücherei entdeckte.

Wahrscheinlich ist es keine Übertreibung, wenn ich sage, dass sie jeden Roman in der kleinen Bücherei ihrer Heimatstadt gelesen hat. Die nette Bibliothekarin hat ihr sogar Bücher aus ihrer privaten Sammlung ausgeliehen.

Obwohl sie am liebsten Bibliothekarin geworden wäre, hätte Mom sich keine höhere Schulbildung über die Highschool hinaus leisten können, wenn der Zweite Weltkrieg nicht gekommen wäre. Sie bekam ein Stipendium, um Krankenschwester zu werden, und war die erste Frau in ihrer Familie, die einen Beruf erlernte.

Ihre Liebe zu Büchern hat nie nachgelassen, und als die Bücherei in unserer Kleinstadt im Bundesstaat New York eine Bibliothekarin brauchte, bewarb sie sich auf die Stelle. Es ist auch wohl kaum übertrieben, wenn ich behaupte, dass ich praktisch in dieser Bücherei aufgewachsen bin. Ich habe beim Katalogisieren der Bücher geholfen und an der Ausgabe, habe Regale eingeräumt und kleinen Kindern Bücher vorgelesen.

Nach wenigen Jahren hatte Mom die Bücherei von einem dunklen, trostlosen Ort, der nur wenige Stunden die Woche geöffnet hatte, in das blühende Herz der Stadt verwandelt, das Aktivitäten für alle Altersgruppen anbot. Die Grundschule im Ort beschloss, sie auch für ihre eigene Bibliothek zu engagieren. Ich bin unglaublich stolz auf alles, was sie erreicht hat.

Ich erinnere mich auch daran, dass meine Mutter, als ich klein war, oft an der Schreibmaschine saß und Kurzgeschichten und Gedichte und Zeitschriftenartikel schrieb. Eine Zeit lang hatte sie eine regelmäßige Kolumne in einer Lokalzeitung. Ich weiß noch, wie wir gemeinsam gefeiert haben, als eine ihrer Geschichten in einer Kinderzeitschrift abgedruckt wurde. Auch heute schreibt sie noch Geschichten. Mom hat mir gezeigt: Wenn es etwas gibt, was du tun willst – zum Beispiel eine Geschichte schreiben –, dann setz dich hin und tu es. Ich bin sicher, meine eigene Liebe zu Büchern und mein Schreibtalent verdanke ich ihr.

Noch wichtiger als Bücher war Mom allerdings ihr Glaube an Gott. Sie hat seine Gegenwart zum ersten Mal in einem Gottesdienst gespürt, als sie ein Teenager war, und seitdem ist ihr Glaube immer stärker und tiefer geworden. Sie hat dafür gesorgt, dass meine Schwestern und ich regelmäßig in die Sonntagsschule und den Gottesdienst gingen, und sie war ein Vorbild mit ihrem Leben, das durch Gebet, regelmäßiges Bibellesen und die Liebe zu Gott und ihren Nächsten geprägt war.

Mom hat in ihrem Leben schwere Zeiten und Verluste erlebt – ein tot geborenes Baby, eine lebensbedrohliche Krankheit, den frühen Tod meines Vaters mit 62 Jahren, den tragischen Krebstod meiner Schwester Bonnie. Moms Glaube an einen liebenden Gott wankte nie.

Mit neunzig Jahren ist sie eine unermüdliche Beterin. Sie steht morgens früh auf, um für meine Schwester und mich und unsere Ehepartner, für ihre zwölf Enkel und ihre Partner und für ihre siebzehn Urenkel zu beten, darunter drei adoptierte, und alle Ungeborenen. Ich spüre, dass ihre Gebete mich stärken, wenn ich reise und Vorträge halte oder wenn ich am Computer sitze und schreibe.

Danke, Mom! Du bleibst mein Vorbild und eine Inspiration für mich und deine dreißig Nachkommen und alle, denen du begegnest.

Gebet

Himmlischer Vater, wir danken dir für die gottesfürchtigen Menschen, die du genau zum richtigen Zeitpunkt und am richtigen Ort in unser Leben gestellt hast. Nachdem sie die Saat deines Wortes in uns gesät und sie zu fruchtbringenden Pflanzen herangezogen haben, hilf uns, heute auf dieselbe Weise im Leben eines anderen Menschen zu wirken.

23. Lichterumzug

»Dein Wort ist wie ein Licht in der Nacht,
das meinen Weg erleuchtet.«

PSALM 119,105

An unserem ersten Weihnachtsfest an unserem neuen Wohnort beschlossen mein Mann und ich, als Helfer beim jährlichen Lichterumzug mitzumachen. Unsere Aufgabe, so sagte man uns bei dem Planungstreffen, sei es, dafür zu sorgen, dass alle Zuschauer hinter den orangefarbenen Absperrungen blieben und nicht von Wagen oder Löschfahrzeugen überfahren oder von der Blaskapelle zu Tode getrampelt wurden. Besonders wichtig war es, auf die kleinen Kinder zu achten und sie von der Straße fernzuhalten. Klingt doch gar nicht schwer, oder?

Das dachte ich auch. Mir war nicht bewusst, dass die Vereine, die sich mit Wagen an diesem Umzug beteiligten, Süßigkeiten ins Publikum werfen würden. Und dass Dutzende unvernünftige Kinder sich in Gefahr begeben würden, um diese Bonbons zu ergattern. Meine Aufgabe war alles andere als einfach.

Am Anfang lächelte ich freundlich und bat die süßen kleinen Engel, ein Stück zurückzugehen. »Wir wollen doch nicht zerquetscht werden, nicht wahr?« Als irgendwann der letzte Wagen vorbeifuhr, musste ich alle meine Selbstbeherrschung zusammennehmen, um nicht aus vollem Hals zu brüllen: »Kommt endlich von der Strasse weg! Wollt ihr für ein paar blöde Bonbons euer Leben riskieren?«

Ich gestehe, dass ich eine Helikopter-Mama war, als meine Kinder klein waren. Ich habe mir immer Sorgen gemacht, was für schreckliche Dinge ihnen zustoßen könnten, wenn ich nicht auf sie aufpasste. Inzwischen weiß ich, dass meine Vorstellungskraft, die ich beim Schreiben brauchte, einfach ständig Überstunden machte. Ich konnte mir mühelos eine Vielzahl von Handlungssträngen für das Leben meiner Kinder ausmalen und meine Aufgabe war es, dafür zu sorgen, dass ihre Geschichten ein Happy-End hatten und nicht zu einer Tragödie wurden. Das war ausgesprochen anstrengend.

Ich beneide Mütter, die nicht so eine lebhafte Fantasie haben und sich nie vorstellen, dass der junge Mann, mit dem ihre Tochter zum Abschlussball geht, ein Serienkiller ist oder dass die Klassenfahrt ihres Sohnes in den Abendnachrichten erscheint. Mein Mutterinstinkt – genau wie meine Vorstellungskraft – machte nie Urlaub.

Ich stand also in meiner leuchtenden Sicherheitsweste bei dem Lichterumzug und war dafür verantwortlich, in einem ganzen Häuserblock die Sicherheit der Bürger meiner Stadt zu gewährleisten. Im Dunkeln. Während Süßigkeiten vom Himmel auf die aufgeregten Kinder regneten. Ich bin sicher, die Wagen waren wunderschön. Ich habe nichts davon gesehen. Und bestimmt haben die Lichterketten eine herrliche Stimmung gezaubert. Doch ich war zu sehr damit beschäftigt, krampfhaft zu überlegen, was man uns bei der Vorbereitung über Notfälle erzählt hatte. Denn ich sah überall potenzielle Notfälle!

Zum Glück wurde keiner der kleinen Schätze in »meinem« Block zerquetscht oder zertrampelt – obwohl ich vielleicht kurz davor war, den einen oder anderen von ihnen zu erwürgen. Vor allem den Knaben, der ständig die Markierungen verschob und dann sagte: »Aber ich steh doch dahinter!« Als ich abends im Bett lag und versuchte einzuschlafen, malte ich mir noch immer die Katastrophen aus und ich kam zu dem Schluss, dass mein Job – das Schreiben von Romanen – der Aufgabe eines Sicherheitsbeauftragten beim Lichterumzug gar nicht so unähnlich ist. Und zwar deshalb:

Es gibt Dinge im Leben, die schön sind – so wie die Wagen bei dem Umzug. Und Dinge, die uns schaden können – wie die Wagen bei dem Umzug. Wichtig ist, dass man weiß, wo man stehen muss.

Ich habe meinen Kindern immer erzählt, dass der sicherste Ort der Wille Gottes ist. Versuchungen, so wie Bonbons, versprechen etwas Süßes, aber wenn wir danach greifen, kann es uns das Leben kosten. Ich hoffe und bete, dass die Geschichten, die ich schreibe, meine Leserschaft nicht nur unterhalten, sondern auch dabei helfen zu verstehen, dass unsere Entscheidungen Folgen haben.

Wenn wir nicht hinter den Absperrungen bleiben, die Gott uns in seinem Wort gibt – oder wenn wir so dumm sind, sie zu verschieben –, dann sind wir in Gefahr. Und es ist tatsächlich nicht besonders klug, für etwas, das keine langfristige Befriedigung bringt, ein Risiko einzugehen.

Während ich mir die Charaktere und Handlungsstränge für meine Romane ausdenke, zeige ich in Wirklichkeit meinen Leserinnen und Lesern, wo wir stehen sollten und was passiert, wenn wir der Versuchung nachgeben. Und auch wie reich unser Leben sein kann, wenn wir uns entscheiden, mit Christus zu gehen, dem Licht der Welt.

Deshalb sollten Sie immer daran denken, hinter der Sicherheitsabsperrung zu bleiben, egal wohin Ihr Leben Sie führt. »Wir wollen doch nicht zerquetscht werden, oder?« Zwingen Sie mich nicht dazu zu brüllen: »Kommt endlich von der Strasse weg! Wollt ihr euch für ein paar blöde Bonbons umbringen?« Gott hat etwas Besseres für seine Kinder im Sinn.

Genießen Sie den Lichterumzug!

Gebet

Himmlischer Vater, du bist so gut, uns Grenzen für unser Leben aufzuzeigen, um uns vor Schaden zu bewahren. Hilf uns, daran zu denken, dass du uns deine Gebote aus Liebe gegeben hast, damit wir das gute Leben führen, das du für uns im Sinn hast. Und hilf uns, uns von den verlockenden Versuchungen abzuwenden, die uns nur Schaden zufügen.

24. Den Akku laden

»›Kommt mit‹, forderte Jesus sie auf,
›wir gehen jetzt an einen einsamen Ort,
wo wir für uns sind.
Dort könnt ihr euch ein wenig ausruhen.‹«

MARKUS 6,31

Sind Sie auch so genervt, wenn bei Geräten, auf die Sie angewiesen sind, der Akku leer ist? Aber wenn wir unser Handy, den Laptop oder das Tablet ständig benutzen, ohne daran zu denken, sie aufzuladen, geben sie eben irgendwann den Geist auf.

Hinter mir liegt ein Jahr, in dem ich sehr viel gearbeitet habe. Gerade habe ich meinen neuen Roman fertiggestellt und ich muss zugeben, dass mein kreativer Akku leer ist. Ich fühle mich leer. Völlig ausgesaugt. Verbraucht. Es ist Zeit, dass ich eine Schreibpause einlege und meine Batterien wieder auflade. Wie man das am besten macht? Ich glaube, jeder muss für sich selbst herausfinden, wie er oder sie neue Energie schöpfen kann, aber das sind die Dinge, die bei mir funktionieren:

- Lesen – ich lese natürlich immer. Aber während ich auf der Zielgeraden eines Manuskripts bin, sitze ich so viele Stunden täglich am Computer, dass ich keine Zeit habe, zum Vergnügen zu lesen. Ich habe dann das Gefühl, dass alle Wörter verbraucht sind! Dann ist es Zeit, meinen Kopf und mein Herz mit vielen neuen Wörtern zu füllen. Deshalb gehe ich in die Bücherei und die Buchhandlung und besorge mir jede Menge Bücher, die ich verschlingen kann.
- Schönheit – Gottes Schöpfung umgibt mich von allen Seiten, wenn ich mir die Zeit nehme, sie zu beachten. Aber wenn ein Abgabetermin naht, bleibe ich einfach nicht mehr stehen, um an Rosen zu riechen. Meine Welt schrumpft dann auf zwei Zimmer zusammen – Arbeitszimmer und Schlafzimmer. Ich muss meine Welt wieder weiten und mir Zeit nehmen, all die schönen Dinge um mich herum wahrzunehmen. Ich nehme mir vor, jeden Tag einen Spaziergang zu machen und Fahrrad zu fahren und mich von der Schönheit der Schöpfung wiederbeleben zu lassen.
- Freunde – das Schreiben ist ein sehr einsamer Job. Manchmal scheint es mir, als wären die einzigen Personen, mit denen ich rede, meine erfundenen Charaktere. Um meine Batterien aufzuladen, muss ich mit echten Menschen zusammen sein und mich entspannen – vor allem mit Freunden und meiner Familie. Mit jeder Menge Essen und Lachen werde

ich schon bald wieder bis zum Rand gefüllt sein und kann dann über die Beziehungen schreiben, die für uns alle so wichtig sind.

- Stille Zeit mit Gott – auch wenn ich jeden Morgen meine Andacht mache, fühle ich mich oft dabei gehetzt, wenn ich unter Zeitdruck stehe. Wenn ich meine Batterien neu auflade, ist es herrlich, mal wieder ganz in Ruhe in der Bibel zu lesen und dazu Andachtsbücher meiner Lieblingsautoren. Es ist schön, diese Zeit mit Gott wirklich zu genießen, so wie ich die Zeit mit meinen Freunden genieße. Und ich weiß, dass die geistlichen Einsichten, die ich aus den Büchern meiner Schriftstellerkolleginnen gewinne, mir neue Gedanken und Ideen für meine eigene Arbeit geben werden, wenn ich irgendwann wieder an meinen Computer zurückkehre.

Im Gegensatz zu dem Duracell-Häschen können wir nicht ewig weitermachen. Was lädt unsere Batterien auf? Erstellen Sie doch mal eine Liste der Dinge, die Sie gerne tun, um neue Energie zu gewinnen. Dann sind Sie bereit für eine Pause – selbst wenn sie nur kurz ist –, um wieder für die Arbeit, die Gott Ihnen gibt, gerüstet zu sein.

25. Hilflos

»Gott ist unsere Zuflucht und Stärke,
ein bewährter Helfer in Zeiten der Not.
Darum fürchten wir uns nicht, selbst wenn die Erde erbebt,
die Berge wanken und in den Tiefen des Meeres versinken.
Auch dann nicht, wenn die Wogen tosen und schäumen
und die Berge von ihrem Wüten erschüttert werden.«

PSALM 46,2-4

Unser zweiwöchiger Urlaub auf Sanibal Island in Florida war herrlich – genau die Pause, die ich brauchte, nachdem ich meinen letzten Roman vollendet hatte und mit den Recherchen für das nächste Projekt anfangen wollte. Am Samstag saß ich mit meinem Mann in der Abflughalle des Flughafens und dachte an all die Dinge, die mich zu Hause wieder erwarteten.

Der Flieger, in den wir einsteigen sollten, kam an, aber man sagte uns, es würde eine Verzögerung geben, weil wir wegen eines technischen Problems noch nicht an Bord gehen könnten. Wir warteten eine Stunde, dann noch eine. Ich versuchte, nicht nervös zu werden, während ich beobachtete, wie die Techniker sich an der Tragfläche unseres Flugzeugs zu schaffen machten. Und ich war ausgesprochen erleichtert, als die Fluggesellschaft schließlich verkündete, wir würden zu einem neuen Gate umgeleitet, um in ein anderes Flugzeug einzusteigen.

Irgendwann hoben wir dann doch ab. Aber nach einer Stunde warf ich zufällig einen Blick aus dem Fenster und sah, dass unser Flugzeug hoch am Himmel plötzlich eine Kehrtwende machte. Die Flugbegleiter, die gerade angefangen hatten, Sandwiches und Getränke zu verteilen, schoben ihre Wagen eilig wieder in die Küche zurück. Dann kam die Ansage über Lautsprecher: »Meine Damen und Herren, der Pilot hat uns soeben informiert, dass wir aufgrund eines technischen Problems eine Notlandung durchführen müssen. Wir werden deshalb in etwa dreißig Minuten in Orlando, Florida, landen.«

Niemand will so eine Nachricht hören, wenn er mehrere Tausend Meter hoch in der Luft ist! Während sich Panik ausbreitete, wurde mir bewusst, dass ich in diesem Augenblick völlig hilflos war, was mein Leben oder meine Zukunft betraf. Ich konnte nur beten – und das tat ich natürlich auch. Und zwar inbrünstig! Allen anderen ging es offenbar auch so, denn es wurde merkwürdig still im Flugzeug. Die nächste halbe Stunde fühlte sich an wie eine Ewigkeit.

Das Buch, das ich für diesen Flug mitgenommen hatte, war das Andachtsbuch *Gib mir ein ruhiges Herz* von Elisabeth Elliot. Ihre Worte bekamen eine ganz neue Bedeutung, während das defekte Flugzeug zum Landeanflug ansetzte. »Wir müssen in Demut zu ihm kommen und unsere Hilflosigkeit und völlige Abhängigkeit von ihm akzeptieren ... Wenn wir ihm unser Leben übergeben haben, können wir alles, was geschieht, aus seinen Händen annehmen.«

Wir haben einen Heiland, dem wir vertrauen können, sagt Elliot. Was auch immer uns widerfährt und wie das geschieht – wir müssen es als den Willen unseres liebenden Gottes annehmen.

An den meisten Tagen gehe ich mit der Illusion durchs Leben, dass ich alles in der Hand habe. Ich kann entscheiden, wo und wann ich Urlaub mache, mit welcher Fluglinie ich reise, wie meine Romane ausgehen und welches Thema ich mir für das nächste Buch vornehmen werde. Aber meine Hilflosigkeit in diesem Flugzeug erinnerte mich daran, dass meine Fähigkeit, Dinge zu beeinflussen, nur bis zu einem bestimmten Punkt reicht. Letzten Endes gehört mein Leben nicht mir, sondern Gott, der es durch seinen Sohn erlöst hat.

Wenn ich mein Leben ihm übergeben habe, dann hat er die Kontrolle und nicht ich. Und auch in geistlichen Dingen kann ich mir nicht selbst helfen. Wenn wir abgestürzt wären und mein Leben zu Ende gewesen wäre, hätten mir all meine guten Taten auch nichts genützt. Oder wie es in einem

Lied heißt: »Ich kann mit meinen Händen doch nichts bringen; ans Kreuz allein will ich mich einfach hängen.«

Natürlich sind wir sicher gelandet, sonst würden Sie dieses Buch nicht lesen. Wir stiegen aus dem defekten Flieger und wurden eine Stunde später in ein drittes Flugzeug umgeladen. Ich gestehe, dass meine Knie ziemlich zitterten, als wir an Bord gingen.

Das mulmige Gefühl in meinem Magen wurde schlimmer. »Aller guten Dinge sind drei«, sagte unsere Flugbegleiterin fröhlich, als wir uns setzten. Wieder würde ich zweieinhalb Stunden lang verletzlich und hilflos mehrere Tausend Meter über dem Erdboden schweben.

Und doch bin ich auf merkwürdige Weise dankbar für die Erinnerung an Gottes Macht und an meine eigene Hilflosigkeit. Das neue Jahr wird garantiert viele Veränderungen und Herausforderungen mit sich bringen, die ich nicht beeinflussen kann.

Es wird wieder Zeiten geben, an denen ich Panik schiebe und Angst habe und mich hilflos fühle. Aber eine Sache haben wir selbst in der Hand. Elisabeth Elliot formuliert es so: Wir können uns entscheiden, bei jeder Einzelheit unseres Lebens auf Gottes Treue zu vertrauen.

»*Doch gerade dann, wenn ich Angst habe*«, schreibt der Psalmist, »*will ich mich dir anvertrauen*« (Psalm 56,4).

Gibt es eine Situation in Ihrem Leben, die Ihnen das Gefühl gibt, hilflos und ausgeliefert zu sein? Wie reagieren Sie darauf? Wie können Sie sich daran erinnern, dass Gott alles in der Hand hat und unsere Schwäche zu seiner Ehre gebrauchen kann?

Gebet

Himmlischer Vater, wenn ich mir Sorgen mache und voller Angst bin, hilf mir bitte, mich daran zu erinnern, dass mein Leben in deinen liebenden Händen sicher ist. Hilf mir zu glauben, dass alles, was geschieht, zu deiner Ehre gereichen kann. Wann immer ich mich hilflos fühle, schenk mir die Gewissheit, dass du alles unter Kontrolle hast.

26. Die Reise

»Hab keine Angst, Israel, denn ich habe dich erlöst!
Ich habe dich bei deinem Namen gerufen,
du gehörst zu mir. Wenn du durch tiefes Wasser
oder reißende Ströme gehen musst – ich bin bei dir,
du wirst nicht ertrinken.«

JESAJA 43,1-2

Ich habe einmal gehört, wie eine Referentin das Leben mit einer Kanufahrt auf einem Fluss verglich. Manchmal ist das Wasser ruhig und wir können das gemütliche Tempo genießen und die Schönheit um uns herum bewundern. Aber hin und wieder treffen wir auf Stromschnellen und dann haben wir plötzlich große Mühe, nicht unterzugehen. Während wir uns an Felsen und anderen Gefahren vorbeimanövrieren, überwältigt von Angst, fragen wir uns, ob das Leben jemals wieder heiter und friedvoll sein wird. Irgendwann wird der Fluss breiter und wir fahren wieder in ruhigere Gewässer. Und wenn wir schlau sind, haben wir ein paar wertvolle Lektionen gelernt, die uns auf die nächsten Stromschnellen vorbereiten können. Ich habe bei meiner Reise im vergangenen Jahr auch einiges gelernt.

Unsere Familie traf auf eine Stromschnelle, als mein Mann einen Herzinfarkt hatte. Er ist jetzt wieder ganz gesund und alles läuft in ruhigen Bahnen. Aber während jener Wochen mit hektischem Paddeln habe ich gelernt, dass das Leben zerbrechlich und kostbar ist. Gott kann uns jederzeit zu sich nach Hause holen. Mehr denn je möchte ich meine Lieben im nächsten Jahr um mich versammeln und keinen Augenblick vergeuden, den ich mit ihnen verbringen kann. Ich muss daran denken, welche Dinge im Leben wirklich wichtig sind und welche es einfach nicht wert sind, dass man sich darüber aufregt.

Auf meinem Glaubensweg geriet ich im letzten Jahr in unruhiges Gewässer, als unsere Gemeinde einen neuen Hauptpastor berief. Er ist ein sehr guter Prediger und unsere Gemeinde hat ihn willkommen geheißen. Aber er rüttelt uns auf und will, dass wir unsere gewohnten Wege verlassen, damit wir mehr wie Jesus denken und handeln.

Ich treibe lieber auf einem ruhigen See mit Menschen, die so sind wie ich – aber Jesus will, dass ich auf diejenigen zugehe, die anders sind, die vielleicht in den Stromschnellen untergehen, und dass ich ihnen helfe. Ja, die angenehmen Aktivitäten, an denen ich in der Vergangenheit beteiligt war, haben viel Gutes bewirkt. Aber für Gottes Reich ist es an der Zeit, dass ich aufhöre, in der Gemeinde vor mich hin zu leben, und stattdessen in die Welt hinausgehe, so wie Jesus es getan hat.

Mein Leben als Schriftstellerin war im vergangenen Jahr überwiegend ruhig. Aber trotzdem ... Ich habe das Gefühl, Gott will, dass ich mich nicht mit ruhigen Gewässern zufriedengebe. Im Vertrauen auf ihn muss ich neue Risiken eingehen und mich ins tiefe Wasser begeben. Das habe ich zum Beispiel dadurch getan, dass ich einen meiner Romane, *Ein letzter Flug*, der nicht mehr lieferbar war, im Selbstverlag veröffentlicht habe. Es war eine Menge Arbeit und ich musste mich mit neuen Dingen befassen. Ständig sah ich mich mit dem Sprichwort *Was Hänschen nicht lernt, lernt Hans nimmermehr* konfrontiert.

Der Brief einer Leserin zeigte mir jedoch, dass die Mühe sich gelohnt hat, denn sie schrieb mir, was für ein Segen dieser Roman für sie gewesen sei. Warum habe ich mich auf ein neues Abenteuer eingelassen, nachdem ich doch mit einem traditionellen Verlag Erfolg hatte? Warum nicht im sicheren Wasser bleiben? Weil Selbstzufriedenheit oft einen Mangel an Glauben kaschiert. Ich mag keine Veränderungen – wer mag die schon? Und doch weiß ich aus Erfahrung, dass mein Glaube in Zeiten des Wandels am meisten wächst.

Ich wünschte, ich könnte um die nächste Biegung des Flusses gucken und sehen, was die Zukunft für mich bereithält – aber das kann ich nicht. Also beschließe ich, ins Ungewisse zu fahren, getröstet von einem meiner Lieblingsverse aus dem Buch Jesaja: »*Wenn du durch tiefes Wasser oder reißende Ströme gehen musst – ich bin bei dir, du wirst nicht ertrinken.«* Gute Reise!

Gebet

Himmlischer Vater, während wir mit dir auf unserem Glaubensweg unterwegs sind, erinnere uns daran, dass du immer in der Nähe bist, wenn wir Angst haben. Hilf uns, trotz unerwarteter Veränderungen weiterzugehen und zu wachsen. Und bring uns sicher an den Ort, an dem du uns haben willst.

27. Unsichtbar

»Deshalb lassen wir uns von dem,
was uns zurzeit so sichtbar bedrängt,
nicht ablenken, sondern wir richten unseren Blick
auf das, was jetzt noch unsichtbar ist.
Denn das Sichtbare vergeht,
doch das Unsichtbare bleibt ewig.«

2. KORINTHER 4,18

Neulich las ich diesen Vers aus dem zweiten Korintherbrief und er hat mich dazu angeregt, mein Leben anders zu betrachten – warum also nicht heute damit anfangen? In dem Vers wird den Gläubigen geraten, den Blick nicht auf das Sichtbare zu richten, sondern »*auf das, was jetzt noch unsichtbar ist*«. Bei der Formulierung muss ich lächeln. Wie soll ich denn den Blick auf etwas richten, was man nicht sehen kann? Aber ich verstehe, was der Vers sagen will.

Wie die meisten von uns haben die Christen in Korinth Probleme. Aber anstatt um diese Probleme zu kreisen, sollen sie darauf vertrauen, dass Gott auf unsichtbare Weise am Werk ist. Paulus versichert ihnen: »... *das Sichtbare vergeht, doch das Unsichtbare bleibt ewig.*«

Hm. Funktioniert dieses Prinzip wirklich? Ich beschloss, mir ein paar große und kleine Probleme, die ich im Laufe der Jahre hatte, noch einmal genauer anzusehen. Waren die »sichtbaren« Probleme wirklich nur vorübergehend, während Gott im Hintergrund etwas anderes bewirkt hat, das ewige Ergebnisse zur Folge hatte?

Vor vielen Jahren fing ich am Hope College als Erstsemester an, ganz gespannt auf die tollen Kurse, die ich dort belegen würde. Aber da die Erstsemester sich erst als Letzte einschreiben durften, stellte ich frustriert fest, dass viele der Veranstaltungen, die ich belegen wollte, schon voll waren. Dazu gehörte auch ein Einführungskurs in Kunst, den ich belegen wollte, weil er eine Pflichtveranstaltung war. Mein Studienberater schlug mir vor, ich sollte doch stattdessen eine Einführung in die Musik belegen und dann warten, dass jemand aus dem anderen Seminar die Brocken hinwarf, sodass ich wechseln konnte. Aber niemand warf die Brocken hin!

Ich weiß noch, dass ich echt wütend war, weil ich gezwungen war, mich mit Musik zu beschäftigen, die mich nicht interessierte, nur damit ich meine Pflichtstunden absolvieren konnte und mein Stipendium nicht verlor. Es schien mir so unfair. Aber eines Tages sprach mich ein attraktiver Musikstudent auf dem Flur an und fragte, ob ich an einem Tutorium interessiert sei. Ihm habe ich es zu verdanken, dass ich in dem Seminar die Bestnote erhielt. Und inzwischen sind wir seit 47 Jahren verheiratet.

Das ist eines der amüsanteren Beispiele, die mir einfallen, aber natürlich gab es im Laufe der Jahre auch ernstere »Schwierigkeiten«. Nachdem mein Mann eine Stelle beim Sinfonieorchester von Winnipeg im kanadischen Manitoba bekam, dachte ich, mein Leben könnte gar nicht mehr schlimmer werden. Mehrere Tausend Kilometer von meiner Familie entfernt saß ich mit drei kleinen Kindern zu Hause, begraben unter anderthalb Metern Schnee und monatelang eisigen Temperaturen ausgesetzt.

Glauben Sie mir, ich konnte mir damals nicht vorstellen, was auf lange Sicht daraus an Gutem entstehen sollte. Aber das war der Zeitpunkt, als ich irgendwann, während meine Kinder ihren Mittagsschlaf machten, beschloss, mich an einem Roman zu versuchen. Als wir nach elf Jahren Kanada schließlich wieder in die USA zurückgingen, hatte ich vier Romane geschrieben (und mit dem kanadischen Klima Frieden geschlossen).

Wenn ein neues Jahr beginnt, nehme ich mir eigentlich immer Zeit, um über meine Erfahrungen nachzudenken und nach dem »unsichtbaren« Segen in jedem Ereignis zu suchen. In den meisten Fällen sehe ich, dass etwas Ewiges bewirkt wurde. Und in den Fällen, wo ich das nicht sehe, ist die entsprechende Geschichte vielleicht noch nicht zu Ende.

Ich frage mich, wie anders – und weniger stressig – mein Leben sein wird, wenn ich allen Schwierigkeiten, die im neuen Jahr auf mich zukommen, mit diesem Vers im Kopf entgegensehe: »*Was wir jetzt leiden müssen, dauert nicht lange. Es ist leicht zu ertragen und bringt uns eine unendliche, unvorstellbare Herrlichkeit.*«

Gebet

Herr Gott, es ist manchmal sehr schwierig, unsere Umstände mit den Augen des Glaubens zu betrachten – und leicht, nur danach zu urteilen, was unsere Sinne uns sagen. Hilf mir, an deine Treue in der Vergangenheit zu denken und darauf zu vertrauen, dass deine Sicht viel weiter reicht als meine.

28. Den Wind einfangen

»Es ist damit wie beim Wind: Er weht, wo er will.
Du hörst ihn, aber du kannst nicht erklären,
woher er kommt und wohin er geht.
So ist es auch mit der Geburt aus Gottes Geist.«

JOHANNES 3,8

Jedes Jahr im Frühling veranstalten die Jugendlichen unserer Gemeinde ein Bankett, bei dem sie alle möglichen tollen Preise versteigern, um ihre Missionsreise im Sommer zu finanzieren. Ich hatte ein Los gekauft, bei dem man eine Segeltour auf dem Michigansee gewinnen konnte. Ich bin noch nie gesegelt, aber ich sitze gerne an unserem Strand und sehe zu, wie die Segelboote anmutig übers Wasser gleiten, während ihre weißen Segel sich im Wind aufblähen. Es wirkt wie eine wunderbar ruhige, friedvolle Art zu reisen. Ich hatte gar nicht damit gerechnet, dass ich gewinnen würde – aber ich zog den Hauptgewinn! Und letztes Wochenende lösten mein Mann, unser Sohn Benjamin und ich den Preis ein.

Der Lake Michigan lag ganz still da, perfekt für einen Segelneuling wie mich. Wir legten am Nachmittag mit unserem Skipper Bob Carlson auf seinem Boot ab, das den Namen *Joy* trägt. Nach einer kleinen Einführung betätigte Benjamin sich als Crewmitglied, während wir durch den Kanal von Port Sheldon fuhren und dann auf den großen See hinaussegelten.

Die Reise war genauso schön und ruhig, wie ich sie mir vorgestellt hatte, während wir mit einem sanften Wind nach Norden fuhren. Ich stellte mir vor, wie es wäre, ein eigenes Boot zu haben und segeln zu lernen.

Irgendwann kam der Zeitpunkt, an dem wir umkehren und nach Hause segeln wollten. Nur hatte der Wind in der Nähe des Ufers, wo wir waren, sich gelegt und unser Boot dümpelte nur noch vor sich hin. Mehrere Minuten lang warteten wir vergeblich darauf, eine gute Brise zu erwischen, während wir kein bisschen vorankamen. Um nach Hause zu kommen, sagte Bob, müssten wir das Boot weiter auf den See hinauslenken, wo der Wind stärker war.

Ich wäre gerne dort geblieben, wo ich das Ufer sehen konnte und es mir ungefährlich schien, aber ich wollte auch vor Einbruch der Dunkelheit wieder zu Hause sein. Also warfen wir kurz den Motor an und steuerten in tieferes Wasser hinaus. Und tatsächlich hatten wir schon nach wenigen Minuten wieder Wind in den Segeln und waren bald auf dem Weg nach Hause.

Ich staunte darüber, dass ein erfahrener Skipper wie Bob den Wind »fühlen« kann, wie er es ausdrückte, und dass er ihn für seine Zwecke nutzen kann. Ich erinnerte mich daran, dass Jesus den Heiligen Geist mit dem Wind verglichen hat, und fragte mich, ob der See eine Lektion für mich bereithielt.

Aus Erfahrung weiß ich, dass ich nicht weit komme, wenn ich mich allein, ohne die Kraft des Heiligen Geistes, abmühe – so wie unser treibendes Segelboot. Außerdem kenne ich das wunderbare Gefühl, wenn ich mit der Hilfe des Heiligen Geistes an Fahrt gewinne und viel mehr erreiche, als ich es aus eigener Kraft je könnte. Warum lerne ich nicht, den Wind des Heiligen Geistes öfter zu »fühlen« und seine Kraft zu nutzen?

Ich vermute, manchmal will ich lieber in der sicheren Nähe des Ufers bleiben, anstatt mich in tiefere, gefährlichere Gewässer hinauszuwagen. So habe ich das Gefühl, mehr Kontrolle zu haben. Wenn ich diese Kontrolle Gott überließe, was könnte er dann von mir verlangen?

Mit der Windkraft gelangten wir viel schneller ans Ziel, als wir es mit Rudern gekonnt hätten. Und was für ein herrliches Gefühl das war, als der Wind unsere Segel erfasste und wir uns in Bewegung setzten!

Ich könnte mir vorstellen, dass Petrus und die anderen Jünger sich an Pfingsten auch so fühlten, als der Heilige Geist wie ein kraftvoller, treibender Wind auf sie kam. Dieselbe Macht, die die Welt verändert hat, steht uns auch heute zur Verfügung. Wir müssen nur die Segel setzen.

Gebet

Himmlischer Vater, oft sind wir versucht, durchs Leben zu segeln, ohne ein Gespür für deine Ziele zu haben. Manchmal greifen wir auch selbst zum Ruder, ohne deine Hilfe zu erbitten. Erfülle uns mit deinem Geist wie ein kräftiger Wind, damit wir deine Gegenwart erleben und dein Ziel für unser Leben erreichen.

29. Durchkreuzte Pläne

*»Fürchte dich nicht, denn ich stehe dir bei;
hab keine Angst, denn ich bin dein Gott!
Ich mache dich stark, ich helfe dir,
mit meiner siegreichen Hand beschütze ich dich!«*

JESAJA 41,10

Mein Mann und ich hatten unseren Sommerurlaub schon vor Monaten geplant. Den ganzen Frühling über freuten wir uns darauf, zusammen mit unseren Freunden die Wildnis der Halbinsel Upper Peninsula zu erkunden und Wasserfälle und Berge und Strände zu sehen.

Dann machte ein medizinischer Notfall in der Familie uns einen Strich durch die Rechnung, als mein Mann einen Herzinfarkt bekam. Wir sind froh, dass Gott unsere Gebete erhört hat und der Notfall damit endete, dass Ken wieder gesund wurde, aber unsere Reise mussten wir auf den nächsten Sommer verschieben.

Unsere durchkreuzten Pläne haben mich an einige Sommerurlaube mit unseren Kindern erinnert, als sie noch klein waren. Einer der denkwürdigsten Urlaube war eine Reise von Winnipeg in die Rocky Mountains in Colorado – mit einem geliehenen Zeltanhänger. Nach unserer ersten Nacht auf dem Campingplatz stellten wir fest, dass alle vier Reifen platt waren. Wir fuhren in die Stadt, um neue zu besorgen, und machten uns wieder auf den Weg.

Als wir in den Rockies ankamen, entdeckten wir, dass die Heizung in dem Anhänger nicht funktionierte, und nach einigen sehr kalten Nächten beschlossen wir, unseren Plan zu ändern und nach Süden zum Grand Canyon zu fahren, wo es wärmer war.

Irgendwo in der Nähe von Durango in Colorado fingen mehrere Warnleuchten an unserem Wagen an zu blinken, also machten wir einen Abstecher zu einer Werkstatt. Dort erfuhren wir, dass der Anhänger eine fehlerhafte Elektrik hatte, die unsere Autobatterie leer saugte. Nach weiteren Reparaturen und einer neuen Batterie konnten wir weiterfahren.

Bei Sonnenuntergang kamen wir zum Canyon und das ist ein toller Zeitpunkt, um dort anzukommen – es sei denn, man braucht einen Campingplatz. Die waren nämlich allesamt voll. Überall standen Schilder, die jedem horrende Strafen androhten, der es wagte, außerhalb der offiziellen Plätze zu kampieren. Und bis zur nächsten Stadt war es eine lange, heiße Fahrt.

Müde und mit unserer Geduld am Ende stellten wir uns hinter einem Restaurant auf den Parkplatz, um dort zu übernachten. Wir trauten uns nicht, das Zelt aufzurichten, weil wir keine heftige Strafe kassieren wollten, also beschlossen wir, im Auto zu schlafen. Alle fünf. In unserem Toyota Kombi. Unsere Söhne Joshua und Ben schliefen auf den beiden Vordersitzen, die sie so weit wie möglich nach hinten gelehnt hatten. Ken und ich luden das Gepäck aus, legten den Rücksitz um und schliefen dort mit unserer Tochter Maya, jedenfalls versuchten wir es, aber es war eher ein »Dösen«. Ken und ich versuchten die ganze Nacht über, auf der engen Ladefläche Mayas Armen und Beinen auszuweichen, die uns alle naselang trafen.

Ich machte mir die ganze Zeit über Gedanken, dass es an mein Fenster klopfen würde und ein wütender Parkwächter uns eine Strafe aufbrummte, weil wir nicht auf dem offiziellen Campingplatz übernachteten. Dann wollte ich antworten: »Sieht das hier aus wie Camping? Wenn wir zelten würden, läge ich in dem Anhänger hinter uns und nicht verknotet wie eine Brezel in unserem Toyota!«

Die lange Nacht endete ohne Strafgebühren. Bis zum Morgen hatte sich der Parkplatz sogar mit weiteren Autos und Wohnwagen und zerknitterten Familien gefüllt. Ich war nicht die Einzige, die nicht wusste, wie schwierig es sein würde, beim Grand Canyon einen Zeltplatz zu finden.

Wir sahen auf dieser Reise eine Menge schöne Campingplätze und hatten viel Spaß. Ken und ich erinnerten uns vor allem an die teuren Reifen, die neue Batterie, die Reparatur der fehlerhaften Elektrik und die schlaflose Nacht. Aber als wir die Kinder später fragten, was ihnen an dem Urlaub am besten gefallen hatte, wissen Sie, was sie sagten? »Als wir im Auto geschlafen haben!« Eins von ihnen hat sogar gefragt, ob wir das noch mal machen können.

Ich mag es nicht, wenn sich etwas ändert, vor allem, wenn es mit meinen ausgeklügelten Plänen kollidiert. Mir scheint, als würden die ungeplanten, unerwarteten Änderungen, die über uns hereinbrechen, tiefere Spuren in unserem Gedächtnis hinterlassen als alles, was nach Plan läuft. Den Besuch der Halbinsel können wir ein anderes Mal nachholen. In den Nachwehen unseres medizinischen Notfalls habe ich aber neu gesehen, wie unsere Familie zusammenhält und wie wir einander unsere tiefe Liebe zeigen.

Unser Glaube wurde gestärkt, nachdem wir Gottes Gegenwart in der Krise spürten und wussten, dass er unsere Gebete hört und erhört. Letzten Endes ist mir das viel wichtiger als ein Stapel Urlaubsfotos.

Wo haben Sie Gott am Werk gesehen, wenn Ihre Pläne durchkreuzt wurden?

Gebet

Himmlischer Vater, wir mögen es nicht, wenn sich etwas ändert, und manchmal kämpfen wir dagegen an. Hilf uns, immer deine Hand am Werk zu sehen, wenn etwas anders läuft als geplant. Hilf uns, dass wir diese Gelegenheiten nutzen, um dir näherzukommen, und dadurch lernen, dir noch mehr zu vertrauen.

30. Rückblick

»Und ihr habt auch erlebt, wie der Herr, euer Gott,
euch auf dem Weg durch die Wüste geholfen hat.
Bis hierher hat er euch getragen
wie ein Vater sein Kind.«

5. Mose 1,31

Ich habe festgestellt, dass mein Glaube immer genährt wird, wenn ich mir die Zeit nehme, über meinen Weg mit Gott nachzudenken und zu überlegen, was er mich unterwegs gelehrt hat. Also schlage ich vor, dass Sie sich Papier und Stift nehmen und diese Übung gemeinsam mit mir ausprobieren: Beschreiben Sie Ihren Lebensweg in zehn Wörtern.

Nehmen Sie sich jetzt ein paar Minuten Zeit, um über jedes Wort, das Sie aufgeschrieben haben, nachzudenken. Warum haben Sie gerade dieses Wort gewählt? Nennen Sie Ereignisse oder Umstände, die dazu geführt haben, dass Sie das Wort aufgeschrieben haben.

Einige dieser Erinnerungen sind wahrscheinlich schön, während andere schmerzlich sind. Unser Leben ist immer eine Mischung aus Freude und Kummer. Aber können Sie im Rückblick Gottes Wirken erkennen? Gerade auch in den schwierigen Zeiten? Wo haben Sie die Kraft und Führung des Heiligen Geistes gespürt? Wann haben Sie die Liebe Christi gefühlt?

Wenn wir mitten in unseren Kämpfen stecken, sehen wir oft keinen Grund für unseren Schmerz. Erst wenn wir aus der Entfernung auf unser Leben blicken, erkennen wir, dass Gott die ganze Zeit über bei uns war und in allen Umständen zu unserem Besten und zu seiner Ehre gewirkt hat.

Die Erinnerung gibt uns Hoffnung. Gott war bei uns. Er ist auch jetzt bei uns. Und er wird auch in Zukunft bei uns sein bis ans Ende unserer Tage.

31. Erinnerung an Martin Luther King

»Wenn nun jemand behauptet,
in diesem Licht zu leben, hasst aber seinen
Bruder oder seine Schwester,
dann lebt er in Wirklichkeit immer noch
in der Finsternis. Nur wer seine Geschwister liebt,
der lebt wirklich im Licht. An ihm lässt sich
nichts Anstößiges finden.«

1. JOHANNES 2,9-10

Ich war sieben oder acht Jahre alt und wuchs in einem Dorf im ländlichen Bundesstaat New York auf, als ich meine erste Lektion über Rassismus lernte. Meine Mutter, meine beiden Schwestern und ich waren zum Einkaufen in eine nahe gelegene Stadt gefahren. Wir wollten uns etwas gönnen und gingen zu der Mittagstheke eines Restaurants, um mit Käse überbackene Sandwiches und Pommes frites zu essen.

Da sah ich zwei Schilder, eines mit der Aufschrift »Nur Weiße«, das andere mit dem Schriftzug »Farbige«. Ich fragte meine Mutter danach. Ihre emotionale Erklärung machte meinem jungen Herzen klar, dass Diskriminierung aufgrund der Hautfarbe oder Herkunft eine schreckliche Ungerechtigkeit war.

Als ich älter wurde, erschienen Berichte über die Bürgerrechtsbewegung auf den Titelseiten der Zeitungen und in den Abendnachrichten. Ich wusste, dass ein großer Krieg ausgefochten wurde mit Soldaten und Waffen und dem Tod unschuldiger Zivilisten. Die Schlacht spaltete unsere Nation.

Ich war ein Teenager, als Martin Luther King ermordet wurde, sein Tod war die Folge von Hass und Rassismus. Trotz aller Gesetze und Änderungen, die unsere Regierung verabschiedet hatte, ging die Ungerechtigkeit, die ich als Kind nur am Rande mitbekommen hatte, weiter. Leider ist es fast fünfzig Jahre später immer noch so.

Vor Kurzem habe ich ein erhellendes Buch mit dem Titel *Ich werde mich nicht fürchten* von Melba Pattillo Beals gelesen. Darin beschreibt die Autorin ihren lebenslangen Kampf gegen Rassismus und wie er ihren tiefen Glauben an Gott geprägt hat. 1957 war die fünfzehnjährige Melba eine von neun afroamerikanischen Studenten, die in Little Rock, Arkansas, auf die neu integrierte Central High School gehen sollten.

Ihre Beschreibung der Misshandlungen und Folter, die sie durch ihre Mitschüler und deren Eltern erfuhr, ist erschreckend. Melba und ihre Familie brauchten einen starken Glauben und ungeheuren Mut, um täglich Schikanen, Gewalt und Todesdrohungen auszuhalten, nur weil sie das Recht hatte, auf diese Schule zu gehen.

Melba lernte Martin Luther King damals kennen und klagte ihm ihr Leid und ihre Angst. Er hörte freundlich zu und sagte dann, vielleicht habe Gott ihr diese Aufgabe gegeben. »Du tust das nicht für dich selbst«, sagte er. »Du tust das für Generationen, die noch nicht geboren sind.«

Seine Worte veränderten Melbas Leben. Sie schreibt: »Ich hatte darauf gewartet, dass weiße Schüler sich änderten, mir gegenüber freundlich waren und mich willkommen hießen, und dabei war es vielleicht meine Aufgabe, mich zu ändern.« Sie wurde eine Kämpferin Gottes und stellte ihr eigenes Wohl zurück, um Gott zu dienen.

Nach einem Jahr erzwungener Integration beschlossen die Mitglieder des Schulrats, die Central High School zu schließen und eine private Schule nur für Weiße zu gründen, anstatt ihre Kinder zusammen mit afroamerikanischen Schülern zu unterrichten. Aber Melba und die anderen hatten Geschichte geschrieben. 1999 erhielten sie und die anderen acht Schüler von Little Rock die Goldmedaille des amerikanischen Kongresses für ihre Rolle bei der Integration der Central High School.

Heute inspiriert das, was Martin Luther King zu Melba gesagt hat, auch mich. Welche Aufgabe, für die man Mut und Glauben braucht, hat Gott vielleicht für mich im Sinn? Wäre ich bereit, für noch kommende Generationen Ungerechtigkeit zu ertragen? Die ersten Christen ertrugen viel mehr Leid, als ich jemals werde aushalten müssen, während sie das Evangelium in die Welt hinaustrugen. Der Rat von Martin Luther King an Melba erinnert mich an Gottes Mut machende Worte an die ersten Christen und an mich: »*Mit Ausdauer wollen wir auch noch das letzte Stück bis zum Ziel durchhalten. Dabei wollen wir nicht nach links oder rechts schauen, sondern allein auf Jesus. ... Weil große Freude auf ihn wartete, erduldete Jesus den Tod am Kreuz und trug die Schande, die damit verbunden war ...*« (Hebräer 12,1-2).

Gebet

Himmlischer Vater, dein Reich ist auf Liebe gegründet, angefangen mit dem Vorbild der selbstlosen Liebe Christi zu uns. Zeig mir all die Gelegenheiten, bei denen ich seinem Vorbild nicht gerecht werde. Lehre mich, so zu lieben, wie du uns liebst.

32. Ein klarer Blick

»Du barmherziger Gott, sei mir gnädig!
Lösche meine Vergehen aus,
denn du bist voll Erbarmen!
Wasche meine ganze Schuld von mir ab
und reinige mich von meiner Sünde!«

PSALM 51,3-4

Die Azalee vor meinem Wohnzimmerfenster ist in jedem Frühjahr ein herrlicher Anblick. Von meinem Lieblingssessel aus, in dem ich jeden Morgen meine Stille Zeit mache, kann ich den Busch sehen. Ich sehe auch, wie staubig und voller getrockneter Regentropfen meine Fenster nach den langen Wintermonaten sind.

Vor Kurzem, als die Temperatur auf zwanzig Grad stieg, habe ich Eimer und Lappen und Fensterreiniger herausgeholt, um die Sache in Angriff zu nehmen. Das Fenster besteht aus Dutzenden kleiner Scheiben, die einzeln geputzt werden müssen. Ein wirklich nervender Job.

Sie kennen sicher das großartige Gefühl, wenn Sie eine schwierige Aufgabe erledigen und sofort das Ergebnis sehen können, oder? So fühlte ich mich, als ich am Ende einen Schritt zurückmachte und stolz meine geputzten Fenster betrachtete. Es sah aus, als wäre überhaupt kein Glas in den Rahmen!

Dann kam der nächste Morgen.

Diese Fenster gehen nach Osten, und als die strahlende Sonne ins Zimmer schien, wurde jede Schliere und Wischbewegung, die ich gemacht hatte, sichtbar. Das Ganze fiel erst auf, als das Licht genau daraufschien. Es war mir eine gute Lektion. Ich kann mir einreden, ich sei eine ziemlich gute Christin, ganz sauber und attraktiv – bis Christus sein Licht scheinen lässt und meine Flecken und Schlieren offenbart.

Genau das geschah, als ich etwas sagte, ohne nachzudenken, und meine Worte eine liebe Freundin verletzten. Ich verdiene mit Worten meinen Lebensunterhalt und ich hatte sie gedankenlos benutzt. »*Wer sich für fromm hält, aber seine Zunge nicht zügeln kann, der macht sich selbst etwas vor. Seine Frömmigkeit ist nichts wert*« (Jakobus 1,26). So wie ein verschmiertes Fenster.

Ich bin nicht so makellos sauber, wie ich meine. Wenn ich mich nicht vom Licht der Welt verändern lasse, werde ich ebenso verschmutzt bleiben wie meine Fenster, ebenso dreckig wie meine Putzlappen. Ich habe meine Freundin um Verzeihung gebeten. Und ich bete, dass der Heilige Geist mir von jetzt an hilft, »*schnell zum Hören und langsam zum Reden*« zu sein, wie es in der Lutherübersetzung von Jakobus 1,19 heißt.

Gebet

Himmlischer Vater, heute bete ich das Gebet, das König David sprach, als er die Hässlichkeit seiner Sünde erkannte. »Du barmherziger Gott, sei mir gnädig! Lösche meine Vergehen aus, denn du bist voll Erbarmen! Wasche meine ganze Schuld von mir ab und reinige mich von meiner Sünde!« Danke, dass du mich durch das Opfer Christi reinwäschst.

33. Das Fest, das überlebt hat

»Das Passahfest stand kurz bevor.
Jesus wusste, dass nun die Zeit gekommen war,
diese Welt zu verlassen und zum Vater
zurückzukehren. Er hatte die Menschen geliebt,
die zu ihm gehörten, und er hörte nicht auf,
sie zu lieben.«

JOHANNES 13,1

Wenn das Passahfest naht, machen meine jüdischen Freunde, die es Pessach nennen, sich daran, ihre Häuser zu putzen, wobei sie darauf achten, dass auch nicht der kleinste Krümel Sauerteig im Haus ist. Sie saugen sogar ihre Sofakissen, was ich wahrscheinlich auch häufiger tun sollte.

Der Tisch wird feierlich gedeckt und alle traditionellen Gegenstände haben ihren festen Platz. Familie und Freunde werden dieses alljährliche Festmahl, das in der Regel mehrere Stunden dauert, gemeinsam einnehmen. Sie werden daran denken, dass ihre Vorfahren, die Israeliten, einst in Ägypten Sklaven waren.

Sie werden die zehn Plagen und die wundersame Errettung

des Volkes aus der Sklaverei noch einmal durchleben, und sie werden fröhliche Lieder singen, um Gottes Treue zu feiern.

Jesus hat in der Nacht, als er verraten wurde, das Passahfest mit seinen Jüngern gefeiert. Er hat das traditionelle ungesäuerte Brot gebrochen und den rituellen Weinkelch hochgehoben und gesagt: »*Das ist mein Leib, der für euch gebrochen wird ... Dies ist mein Blut, vergossen für euch ... Tut dies zu meinem Gedächtnis.*«

Sein abschließendes Gebet ist uns in Johannes 17 überliefert: »*Vater, die Zeit ist da! Lass jetzt die Herrlichkeit deines Sohnes sichtbar werden, damit der Sohn deine Herrlichkeit offenbart.*« Dann ging Jesus mit seinen Jüngern zum Garten Gethsemane.

Ich frage mich, wie das Passahfest überlebt hat. Es begann mit Mose vor so langer Zeit in Ägypten und wird 3.400 Jahre danach immer noch gefeiert. Gottes Volk hat auch überlebt, so wie er es versprochen hat: »*Ich sage: So wie diese feste Ordnung für immer besteht, wird auch Israel für immer mein Volk sein*« (Jeremia 31,36).

Der Pharao und seine heidnischen Götter sind nicht mehr da, nur Tempelruinen und Gräber sind noch übrig. Die Römer, die Jesus gekreuzigt und beeindruckende Städte erbaut haben, sind auch nicht mehr da. Keiner von Israels Nachbarn betet Baal oder Dagon oder Moloch an, wie ihre Vorfahren es taten.

Aber das jüdische Volk und ihr Glaube an den Gott Abrahams leben weiter, fast unverändert. Und unser christlicher Glaube auch, bald 2.000 Jahre, nachdem Jesus am Passahfest für unsere Sünden gestorben ist.

Jedes Jahr, bevor wir das Fest feiern, lese ich die Geschichte vom letzten Passahmahl Christi und von den Lektionen, die er uns in jener Nacht erteilt hat (Johannes 13-17). Er fing damit an, dass er seinen Jüngern die Füße wusch und sagte: »*Ich habe euch damit ein Beispiel gegeben … Ein Diener steht niemals höher als sein Herr …*« Er hat uns befohlen, einander zu lieben, indem er sagte: »*An eurer Liebe zueinander wird jeder erkennen, dass ihr meine Jünger seid.*«

Er hat uns gesagt, dass es im Haus seines Vaters viele Wohnungen gibt und dass er einen Ort für uns vorbereiten wird. Er hat versprochen, den Heiligen Geist zu senden, damit er uns stärkt. Und er hat uns das schöne Bild vom Weinstock und den Reben gegeben, mit dem er uns Mut macht, zur Ehre seines Vaters viel Frucht zu bringen. Und am Ende betete er für uns: »*Sie alle sollen eins sein … Dann wird die Welt erkennen, dass du mich gesandt hast …*«

Das Abendmahl ist unsere Feier, bei der wir uns an das Opfer Christi erinnern. Wir fangen damit an, dass wir unsere Seelen nach jedem Krümel Sünde absuchen. Wir gehen zum Tisch des Herrn, um in Brot und Wein an seinem Leib und Blut Anteil zu haben.

Wir verlassen das Mahl des Bundes gereinigt, frei von der Sklaverei der Sünde, gestärkt, um Frucht zu bringen, so wie er es befohlen hat. Und wir gehen mit einem inneren Frieden hinaus, weil wir wissen, dass die Pharaos und Herrscher dieser Welt nicht bestehen werden, aber Gottes Reich wird ewig dauern. »*Lasst euch nicht entmutigen: Ich habe diese Welt besiegt.*«

Gebet

Himmlischer Vater, ich danke dir dafür, dass du ein Gott der Wunder bist, ein Gott der Auferstehungsmacht. Hilf uns, daran zu denken und zu glauben, dass du in unserem Leben jeden Tag am Werk bist. Hilf uns, heute in deiner Kraft zu wandeln.

34. Unterwasserforscher

»Herr, unser Gott! Zeige uns deine Güte!
Lass unsere Mühe nicht vergeblich sein!
Ja, lass unsere Arbeit Früchte tragen!«

Psalm 90,17

Die *Michigan Shipwreck Research Association* ist ein Verein von Tauchern, die in den Großen Seen nach versunkenen Schiffen suchen. Ich war bei einer ihrer Präsentationen und das gab mir die Idee, in einen meiner Romane ein Schiffsunglück einzubauen. Das ist ganz schön aufregend!

Diese Schiffswrack-Experten beginnen ihre Abenteuer so, wie ich meine Romane beginne – indem sie recherchieren. Sie durchkämmen bergeweise offizielle Dokumente, Zeitungsartikel und Augenzeugenberichte, um den möglichen Ort des Wracks einzugrenzen. Sie suchen nach Fotos und Zeichnungen, aus denen besondere Merkmale des Schiffs hervorgehen, zum Beispiel Größe und Profil.

Diese Recherchephase kann selbst schon eine richtige Schatzsuche sein! Aber wenn sie ihre Arbeit gut machen, ist die Chance größer, dass die Expedition erfolgreich ist, wenn erst einmal die Erkundungsphase beginnt.

Zur Erkundung gehört, dass ein imaginäres Raster über die vermutliche Unglücksstelle gelegt wird und man langsam hin und her segelt, während man mit Ultraschall versucht, ein gesunkenes Schiff am Grund des Sees zu finden. Stunde um Stunde – und das tagelang – zu suchen, klingt für die meisten Menschen ziemlich öde, aber ich habe die Begeisterung der Experten auch bei diesem Schritt der Suche gespürt.

Es braucht Expertise, um die körnigen Ultraschallbilder auszuwerten und die Ergebnisse zu deuten. Und wenn ein gesunkenes Schiff endlich entdeckt wird, feiern alle.

Ich vermute mal, dass die meisten Menschen meine Arbeit auch öde finden würden. Schließlich sitze ich Tag für Tag am Computer und tippe eine Seite nach der anderen, ein Kapitel nach dem anderen, bis mein Roman fertig ist. Auch wenn es sich langweilig anhört, braucht es Expertise, um eine Geschichte zu erschaffen und genau die richtigen Worte dafür zu finden. Und kluge Autoren feiern ihre Erfolge auch, die großen wie die kleinen.

Die letzte Phase der Unterwasserforschung ist natürlich für die erfahrenen Taucher die spannendste. Bewaffnet mit Kameras und Tauchausrüstung, hat die Mannschaft endlich die Gelegenheit, vor Ort zu tauchen und das Wrack zu untersuchen.

Ich sah fasziniert zu, als schemenhafte Bilder dieser einst stattlichen Schiffe auf der Leinwand erschienen, bedeckt von Muscheln an ihrem letzten Ruheort. Ich hörte dramatische Geschichten von ihrem Untergang, normalerweise aufgrund eines heftigen Unwetters. Die Taucher wurden zu Unterwasserdetektiven, die das Rätsel lösten, warum und wie jedes Schiff gesunken ist und wo das Schiff und seine Mannschaft ihr Ende fanden.

Bei einem sehr tief liegenden Wrack konnten die Taucher nur dreißig Minuten unten bleiben und ihren Fund begutachten, bevor sie den beinahe zweistündigen Aufstieg zurück an die Oberfläche begannen. Dabei mussten sie immer wieder Pausen einlegen, um sich an den veränderten Druck anzupassen und die tödliche Taucherkrankheit zu vermeiden.

Ich staunte über ein solch diszipliniertes Engagement! Warum machen diese Taucher das? Es ist ihnen ja strengstens verboten, etwas aus diesen Wracks zu entfernen. Ich fragte mich, warum sie so viel Zeit und Energie und Geld in die Erforschung eines gesunkenen Schiffes investieren.

Ich vermute, das Abenteuer zu tauchen und dabei ein jahrhundertealtes Rätsel zu lösen, ist Lohn genug. Aber manchmal gibt es auch noch andere Überraschungen. Im Publikum war an diesem Samstagabend ein Herr, der zehn Jahre alt gewesen war, als er seinen Vater in dem Wrack der *William B. Davock* verloren hatte. Das Schiff war vor fünfundsiebzig Jahren auf dem Lake Michigan gesunken. Die Leiche seines Vaters wurde nie geborgen.

Dank der Arbeit dieser Taucher konnte der ältere Herr Bilder von der letzten Ruhestätte seines Vaters sehen und nach all diesen Jahren ein Kapitel abschließen. Er fuhr mit den Tauchern zu der Unglücksstelle hinaus und legte über dem Grab seines Vaters einen Gedenkkranz aufs Wasser.

Nach dem Vortrag ging ich nach Hause und überlegte, warum ich eigentlich schreibe. Natürlich gibt es eine finanzielle Entschädigung dafür, aber mir geht es um die spannenden Entdeckungen und die Befriedigung, die Ergebnisse meiner fleißigen Arbeit und Selbstdisziplin in Buchform zu sehen. Vor allem aber geht es um die Freude, die ich empfinde, wenn ich erfahre, dass meine Geschichten jemanden berührt haben.

Ich verstehe gut, welche Freude diese engagierten Taucher von der *Michigan Shipwreck Research Association* empfanden, als sie die Tränen des fünfundachtzigjährigen Mannes sahen, der ein ganzes Leben darauf gewartet hatte, seinen Vater zu finden.

Gott hat jeder und jedem von uns eine Aufgabe gegeben und dazu all die Gaben und Talente, die wir brauchen, um sie zu erledigen. Wenn wir seine Arbeit fröhlich und zu seiner Ehre tun und anderen in seinem Namen dienen, wird der Lohn, den wir dafür ernten, all unsere Erwartungen übertreffen.

Gebet

Himmlischer Vater, vieles von der Arbeit, die wir tun, erscheint uns öde und oft sehen wir keine Ergebnisse unserer Mühen. Hilf uns zu sehen, dass jede Aufgabe dir zur Ehre gereichen kann, auch wenn wir nur den Boden wischen oder das Geschirr spülen. Es kommt allein darauf an, dass wir sie mit Freude und im Namen Christi tun.

35. Tauwetter im Frühling

*»Erschaffe in mir ein reines Herz,
o Gott; erneuere mich und gib mir die Kraft,
dir treu zu sein! Verstoße mich nicht aus deiner Nähe
und nimm deinen Heiligen Geist nicht von mir!«*

PSALM 51,12-13

An einem Morgen im Frühling sah ich ein kleines Rotkehlchen in unserem Garten. Ich weiß nicht, wo diese rotbauchigen Vögel überwintern, aber plötzlich waren sie wieder da. Ein sicheres Zeichen dafür, dass der Frühling kommt.

Also beschloss ich, andere Zeichen zu suchen, während ich meinen morgendlichen Spaziergang machte. Manche Bäume hatten inzwischen Knospen. Grüne Keimlinge ragten aus dem kalten Erdreich und dazu ein paar mutige Krokusse. Die hässlichen Flecken aus dreckigem Schnee waren beinahe alle weggetaut. Und auf dem See in der Nähe war auch keine Eisschicht mehr. Diese frühen Zeichen für neues Leben bedeuteten, dass wärmeres Wetter und Sommergärten nicht mehr weit sein konnten.

Meine Suche nach neuem Leben in der Natur brachte mich dazu, dass ich auch im Innern nach solchen Anzeichen suchen wollte – nicht in unserem Haus, sondern in meiner Seele. Der Winter legt sich jedes Jahr über die Nordhalbkugel, weil die Erde sich langsam von der Sonne wegdreht. Wenn die Erde sich wieder zurückneigt, kommt auch der Frühling wieder.

Das bedeutet, dass ein geistlicher Winter kommen muss, wenn ich so beschäftigt und abgelenkt bin, dass ich mich fast unmerklich von Gott entferne, der Quelle des Lebens. Der Frühling erinnert mich daran, alles Eis aufzutauen, das mein Herz bedeckt, und mich ihm wieder zu nähern.

Jesus hat eine Warnung in Bezug auf die Endzeit ausgesprochen: »*(W)eil Gottes Gebote immer stärker missachtet werden, setzt sich das Böse überall durch. Die Liebe wird bei den meisten von euch erkalten*« (Matthäus 24,12). Und in der Offenbarung warnt er die Christen: »*Von deiner anfänglichen Liebe ist nicht mehr viel übrig. ... Du bist weder kalt noch heiß.*«

Es ist an der Zeit, den Schnee der Nachlässigkeit tauen zu lassen und nach Anzeichen geistlichen Lebens Ausschau zu halten, so wie ich es heute Morgen draußen getan habe. Werde ich Christus mit jedem Tag ähnlicher? Sehen andere in mir Anzeichen einer Veränderung?

In der Bibel steht, dass wir auf unserem geistlichen Weg

beständig wachsen sollen, bis wir »*zu mündigen Christen heranreifen, zu einer Gemeinde, die ihn in seiner ganzen Fülle widerspiegelt*« (Epheser 4,13).

Meine Erfahrung ist, dass ich Wachstum am besten an den Früchten in meinem Leben erkennen kann, und dabei halte ich mich an die bekannte Liste in Galater 5,22: Werde ich liebevoller – oder werde ich zur Gewohnheitsnörglerin? Bin ich in zunehmendem Maße von Freude erfüllt, egal, wie die Umstände sind – oder wiederhole ich nur dieselbe Litanei aus Klagen und Ausreden?

Erfüllt Gottes Friede mich – oder mache ich mir immer noch ständig Sorgen? Was ist mit Freundlichkeit, Güte, Treue und Sanftmut? Wenn diese Eigenschaften noch nicht Teil meiner Alltagspersönlichkeit sind, sollten sie nicht wenigstens durch die Oberfläche lugen als Zeichen, dass ich das Leben Christi in mir habe? Und wie sieht es mit der Selbstbeherrschung aus?

Es heißt, der beste Test für diese Dinge sei, wenn jemand einen beim Autofahren schneidet. Oder wenn jemand in der Familie einem auf die Nerven geht – mal wieder.

Bald kommt die Zeit, wenn ich meine Blumenbeete säubern, die dürren Äste abschneiden, meinen Gemüsegarten düngen und neue Pflanzen setzen muss. In diesem Jahr bete ich, dass diese Frühlingsarbeiten mich daran erinnern, Gott als den Gärtner meines Herzens seine Arbeit tun zu lassen, dass er das Unkraut aus meinem Herzen entfernt und die geistlichen Früchte in meiner Seele düngt, damit sie sich entfalten können.

Welche Frucht des Geistes wollen Sie in diesem Frühjahr besonders nähren? Wie könnte ein erster Schritt dazu aussehen?

Gebet

Herr Jesus, zeige mir, auf welche Weise meine Liebe zu dir erkaltet ist. Durchsuche mein Herz und zeige mir, wo mein Leben keine Frucht des Geistes bringt. Verändere mich jeden Tag ein bisschen mehr, damit ich dir ähnlicher werde.

36. Geistlicher Check-up

»Denn so wie Gott einmal befahl:
›Licht soll aus der Dunkelheit hervorbrechen!‹,
so hat sein Licht auch unsere Herzen erhellt.
Jetzt erkennen wir klar, dass uns in
Jesus Christus Gottes Herrlichkeit entgegenstrahlt.«

2. Korinther 4,6

Einmal im Jahr gehe ich zu meiner Ärztin und lasse mich durchchecken. Sie macht verschiedene Untersuchungen, um sich zu vergewissern, dass mein Körper gesund ist und alles funktioniert. Nach meiner letzten Vorsorgeuntersuchung kam mir der Gedanke, dass wir auch geistliche Check-ups machen sollten, um uns zu vergewissern, dass unser Leben mit Christus stark und gesund ist. Eine Methode, wie wir das tun könnten, ist die Überprüfung, wie gut die Früchte des Geistes in unserem Leben wachsen.

Nehmen Sie sich einige Minuten Zeit und lesen Sie Galater 5,16-26. Dort erfahren wir, wie ein gesundes Glaubensleben aussehen sollte, und es wird unserem alten sündigen Wesen gegenübergestellt. Untersuchen wir uns erst einmal auf irgendwelche Anzeichen von »Krankheit«. Dazu gehören:

- Unreinheit
- Götzendienst
- Hass
- Zwietracht
- Eifersucht
- Wutanfälle
- selbstsüchtige Ziele
- Neid

Nehmen wir uns die Zeit, über jedes dieser Symptome einen Moment lang nachzudenken, und geben wir dem Heiligen Geist die Erlaubnis, uns zu zeigen, ob sie in uns vorhanden sind. Dann bitten wir um Vergebung und Heilung.

Und jetzt suchen wir nach Anzeichen für geistliche Gesundheit. Christus will, dass wir »viel Frucht tragen«, und dabei hat er folgende Dinge im Sinn:

- Liebe
- Freude
- Frieden
- Geduld
- Freundlichkeit
- Güte

- Treue
- Sanftmut
- Selbstbeherrschung

Meditieren Sie eine Weile über jede dieser Früchte und überlegen Sie, wie Sie auf einer Skala von 1 bis 10 abschneiden. Bitten Sie den Heiligen Geist auch hierbei um Weisheit.

Bevor ich gehe, macht meine Ärztin mir immer Vorschläge, wie ich meine Gesundheit verbessern kann – normalerweise sind das Dinge, die Disziplin und Arbeit erfordern. Um Christus ähnlicher zu werden, braucht es auch Disziplin, aber zum Glück können wir den Heiligen Geist bitten, uns zu helfen.

Wobei brauchen Sie heute seine Hilfe?

37. Stur wie ein Esel

»Wie oft schon wollte ich deine Bewohner um mich sammeln, so wie eine Henne ihre Küken unter ihre Flügel nimmt! Aber ihr habt es nicht gewollt.«

MATTHÄUS 23,37

Ich kann unglaublich stur sein. Es gibt Zeiten, wenn ich mich einfach weigere zu tun, was andere von mir wollen. Wenn ich die Arme verschränke und mich keinen Zentimeter von der Stelle bewege. Eine Begebenheit in der siebten Klasse fällt mir dazu ein. Die Lehrerin hatte uns die Aufgabe gestellt, ein kurzes Porträt über einen beliebigen Künstler zusammenzustellen und vorzutragen.

Ich mochte den Kunstunterricht und ich mochte unsere Lehrerin, eine exotische Frau, die ihr Haar hochgesteckt trug und sich in wallende Kleider hüllte. In unserem langweiligen, konventionellen Dorf wirkte sie völlig fehl am Platze. Das Schreiben fiel mir leicht. Das Künstlerporträt wäre eine lockere Eins geworden und ich war auch eine Einserschülerin. Aber aus irgendeinem Grund, der mir immer noch nicht klar ist, machte ich die Hausaufgabe nicht.

Wenn meine Kinder auf stur stellten, wurde ich immer wütend. Wenn mein Mann auf stur stellt, frustriert mich das. Aber wenn eine Figur in einem meiner Romane nicht mitspielt, bringt mich das völlig aus dem Konzept. Ich weiß, ich weiß, ich habe diese »Menschen« erschaffen. Sie existieren nur in meiner Vorstellung. Wie können sie dann rebellieren? Ich habe doch die Kontrolle über sie, oder?

Na ja, um es mit einem Wort zu sagen ... nein. Wenn ich sie mit ihren Vorlieben und Abneigungen, Macken und Ängsten, Familiengeschichten und Träumen erschaffen habe, werden sie »echt«. Und wenn ich dann versuche, sie Dinge tun zu lassen, die nicht zu ihrer »Persönlichkeit« passen, dann funktioniert das einfach nicht. Sie haben das Recht, stur zu sein.

Haben Sie schon einmal eine Geschichte gelesen, in der die Hauptperson etwas tut, was sich nicht richtig anfühlt? Etwas, weswegen Sie das Buch am liebsten frustriert durchs Zimmer werfen und schwören würden, nie wieder ein Buch von *diesem* Autor zu lesen?

Ich vermute, dass die Figur sich geweigert hat zu tun, was der Autor wollte, aber gegen ihren Willen dazu gezwungen wurde.

Eine Figur, die gegen mich und meine ausgeklügelten Pläne rebelliert hat, war Kitty aus meinem Bürgerkriegsroman *Der Sohn des Sklavenmädchens*. Sie war Sklavin auf einer

Plantage und sollte fliehen. Ich hatte jede Menge Nachforschungen über die sogenannte Untergrund-Eisenbahn angestellt – eine Organisation, die Sklaven zur Flucht verhalf – und wollte diese Informationen unbedingt einbauen.

Grady, ein Mitsklave, den sie liebte, sollte mit ihr weglaufen. Die Bedingungen waren perfekt für eine nächtliche Flucht. Aber als es »Jetzt oder nie« hieß, weigerte Kitty sich zu gehen. Grady floh ohne sie. Und ich hatte ein Dilemma, was meine Handlung betraf.

Ich hätte Kitty zwingen können zu fliehen und vielleicht hätte es sogar funktioniert. Oder vielleicht hätten meine Leserinnen das Buch quer durchs Zimmer geworfen. Von dem Augenblick an, als ich Kitty erschuf, war sie von ihrem Leben in der Sklaverei niedergedrückt. Ihr richtiger Name war Anna, aber ihre verwöhnte Herrin gab ihr einen neuen Namen und zwang sie, so zu tun, als wäre sie ein Kätzchen.

Kitty wäre niemals ungehorsam gewesen, weil sie viel zu viel Angst vor den Folgen gehabt hätte. Sklaven wurden gejagt und erbarmungslos ausgepeitscht, wenn sie flohen. Ich hatte recherchiert, dass der Sumpf, durch den sie hätte fliehen müssen, voller Mücken und Alligatoren war, und Sie können mir glauben, dass selbst die mutigsten Seelen davor zurückschrecken konnten. Kitty war nicht mutig. Wegzulaufen hätte überhaupt nicht zu ihrem Charakter gepasst.

Meine Kunstlehrerin in der siebten Klasse war sehr überrascht, als ich meine Hausaufgabe nicht abgab. Es war so untypisch für mich als Einserschülerin, dass sie glaubte, ich hätte das Heft verloren. Sie fragte, ob ich noch den ersten Entwurf hätte. Den hatte ich natürlich nicht. Ich würde ja gerne sagen, dass ich gebeichtet habe – aber das habe ich nicht. Sie fragte, ob sie mir für die Aufgabe eine Zwei geben könne, und ich war einverstanden. Bis heute schäme ich mich für meinen Betrug damals. Ich hoffe, ich habe mit zunehmender Reife in meinem Glaubensleben mehr Ehrlichkeit und Integrität entwickelt.

In Galater 2,19-20 schreibt der Apostel Paulus: »*Mein altes Leben ist mit Christus am Kreuz gestorben. Darum lebe nicht mehr ich, sondern Christus lebt in mir!*« Ich hoffe, dass es jetzt nicht mehr zu mir passen würde, etwas zu tun, was nicht christusgemäß ist. Ich will in allen meinen Entscheidungen ihm ähnlich sein. Nach dem Preis, den er als Urheber meiner Rettung gezahlt hat, wäre alles andere reine dickköpfige Sturheit.

Gebet

Herr Jesus, vergib uns, wenn wir so dumm sind, auf unserer Dickköpfigkeit und Sturheit zu beharren. Erinnere uns an den Preis, den du am Kreuz bezahlt hast, damit uns vergeben werden kann. Hilf uns, dich in unserem Leben wirken zu lassen, damit wir dir ähnlicher werden.

38. König Hiskias Siegel

»Bei allem, was er tat,
um den Tempeldienst zu ordnen und dem Gesetz
wieder Geltung zu verschaffen,
fragte er nach Gottes Willen
und diente ihm von ganzem Herzen.
Darum hatte er großen Erfolg.«

2. Chronik 31,21

Im Dezember 2015 fanden Archäologen, die in der Nähe des Tempelbergs in Jerusalem gruben, ein geprägtes Tonsiegel, das einmal dem biblischen König Hiskia gehört hatte. Wie Sie vielleicht wissen, habe ich »ein Buch« über König Hiskia geschrieben – genau genommen sind es drei Bücher über ihn und zwei über seinen Sohn König Manasse. Ich habe Geschichten aus dem Alten Testament sowie eigene Recherchen verwendet, um die fünfteilige Reihe *Die Chroniken der Könige* über das Leben von König Hiskia zu erschaffen.

Das Tonsiegel, das die Archäologen fanden, trug seinen Namen: Hiskia, Sohn des Ahas. Es wurde einmal dazu benutzt, eine Papyrusschriftrolle zu versiegeln, ein Dokument, das wahrscheinlich von Hiskia selbst unterzeichnet wurde. Archäologen haben es in einem Teil des antiken Jerusalems entdeckt, wo der Palast des Königs stand.

Ich liebe König Hiskia! Dieser Nachkomme von König David und Vorfahre Jesu lebte um 700 v. Chr. Und was für ein Leben er geführt hat! Er war ein Zeitgenosse der Propheten Jesaja und Micha und erlebte mit, wie die zehn Nordstämme Israels unter den brutalen Assyrern litten.

Es flohen so viele Menschen nach Jerusalem, dass Hiskia die Stadt vergrößerte und eine neue Mauer zu ihrem Schutz bauen ließ. Einen Teil davon kann man in der Altstadt von Jerusalem noch immer sehen.

Hiskia grub auch einen Tunnel unter der Stadt, um seine Wasservorräte vor den Assyrern zu schützen, indem er Wasser aus der Gihonquelle in den neu gebauten Teich von Siloah leitete. Er hatte es so eilig, den Tunnel fertigzustellen, dass seine Arbeiter auf beiden Seiten anfingen zu graben und sich in der Mitte trafen, eine technische Meisterleistung. In diesem Tunnel unter Jerusalem gibt es immer noch Wasser (und Touristen).

Am meisten bewundere ich an König Hiskia seinen Glauben – und der inspirierte mich auch dazu, all diese Bücher über ihn zu schreiben. Sein Glaube war nicht vollkommen und oft voller Zweifel, aber standhaft bis zum Ende. Mich faszinierte die Tatsache, dass sein böser Vater, König Ahas, seine Söhne dem heidnischen Gott Moloch opferte, aber Hiskia begann schon im ersten Monat seiner Herrschaft eine religiöse Erweckung, indem er den Tempel reinigte, den sein Vater entweiht hatte.

Er lud alle ein, zu Gott zurückzukehren und das Passahfest zu feiern, das seit Jahrzehnten nicht mehr begangen worden war. Hiskias Glaube wuchs mit jeder Prüfung.

Als die Assyrer am Anfang angriffen, bat er Jesaja, für ihn zu beten. Als sie ein zweites Mal kamen, ging er zum Tempel hinauf und erniedrigte sich vor Gott. Er bat Gott, Jerusalem zu retten, damit alle Königreiche der Welt sahen, dass er allein Gott ist.

Auf Hiskias Siegel, das jüngst entdeckt wurde, ist eine geflügelte Sonne abgebildet. Mehrere Berichte hinterfragten die Tatsache, dass er ein nicht jüdisches Symbol benutzt hatte. Aber nach allem, was ich über sein Leben weiß, finde ich, dass es ein perfektes Symbol ist. Hiskia wurde schwer krank und Jesaja sagte ihm, er solle sein Haus in Ordnung bringen, weil er sterben würde.

Hiskia betete und Gott gewährte ihm in seiner Gnade weitere fünfzehn Lebensjahre. Als Zeichen dafür, dass Hiskia tatsächlich gesund werden würde, gab Gott der Sonne Flügel und ließ sie kurzfristig rückwärts laufen.

Einige Jahre später umzingelten die Assyrer Jerusalem und verlangten, dass Hiskia sich ergab. Jesaja überzeugte ihn, dass er Gott vertrauen sollte, und versprach, Gott würde die Stadt retten. In der Nacht tötete der Engel des Todes 185.000 feindliche Soldaten und am *»nächsten Morgen war alles mit Leichen übersät«*.

Gottes Rettung vor den Assyrern erfolgte bei Sonnenaufgang – so wie Jahrhunderte später unsere Rettung durch Hiskias Nachfahren Jesus Christus bei Sonnenaufgang am Ostermorgen erfolgen sollte.

In einer Welt, die glaubt, dass die Bibel aus Fabeln und Märchen besteht und dass ihre Geschichten und Personen erfunden und ausgeschmückt sind, ist das jüngst gefundene Siegel ein Beweis für alle Zweifler, dass Gottes Wort die Wahrheit ist.

Gebet

Himmlischer Vater, danke, dass du uns die Bibel gegeben hast – dein Heiliges Wort –, damit wir darin lesen und von dir erfahren. Und danke für Jesus, das fleischgewordene Wort. Sende deinen Heiligen Geist, während wir in der Bibel lesen, und erwecke die Wörter zum Leben, damit wir dich besser kennenlernen und dir besser dienen können.

39. Ein stiller Glaube

»Gott hat uns dazu bestimmt, diese Botschaft der Versöhnung in der ganzen Welt zu verbreiten. Als Botschafter von Christus fordern wir euch deshalb im Namen Gottes auf: Lasst euch mit Gott versöhnen!«

2. Korinther 5,19-20

Wenn ich an die vielen Christinnen denke, die mich inspiriert haben, denke ich immer auch an meine Großmutter väterlicherseits. Als ich klein war, verbrachte ich in den Sommerferien eine oder zwei Wochen bei ihr, und auch wenn wir beide uns darauf freuten, jeden Tag etwas zu unternehmen, verbrachte Grandma immer zuerst Zeit mit Gott, indem sie ihre zerlesene Bibel aufschlug und betete. Ihr Glaube hat mich tief beeindruckt.

Der Sonntag war der Tag des Herrn und ich ging gerne mit ihr in den Gottesdienst. Sie war ihr ganzes Leben lang Gemeindemitglied und eine begabte Pianistin, die als Organistin die Lieder begleitete und im Chor sang. Mein Vater sang auch im Chor und Grandma hatte er es zu verdanken, dass er eine lückenlose Anwesenheitsstatistik in der Sonntagsschule hatte, bis er achtzehn wurde und sich bei der US-Navy meldete, um im Zweiten Weltkrieg zu kämpfen. Er war das einzige Kind meiner Großmutter und ich glaube, dass ihre Gebete ihn in diesen Jahren beschützt haben. Wie es in der Bibel heißt: »*Denn das Gebet eines Menschen, der nach Gottes Willen lebt, hat große Kraft*« (Jakobus 5,16).

Grandma hat ihr Leben lang keinen Alkohol getrunken. Sie wurde *Mitglied der Women's Christian Temperance Union* (WCTU), als sie sechzehn war, und gelobte, dass nie ein Tropfen Alkohol über ihre Lippen kommen würde. Und nach dem Motto »Lippen, die Alkohol berühren, sollen unsere nicht berühren« schworen junge Frauen der Abstinenzbewegung, dass sie niemals einen Mann heiraten oder auch nur mit ihm ausgehen würden, der Alkohol trank. Grandma heiratete meinen Großvater, als sie 25 war, und auch ihn habe ich nie Alkohol trinken sehen.

Während ich für einen meiner Romane recherchierte, stieß ich auf interessante Informationen über die WCTU und ich bewunderte meine Großmutter noch mehr. Ich beschloss, dass diese Frauenorganisation in meinem Roman *Bebes Vermächtnis* eine Rolle spielen sollte.

Die WCTU wurde 1874 von einer Gruppe Frauen gegründet, die am eigenen Leib Erfahrungen mit den Übeln des Alkohols gemacht hatten, meist bei Angehörigen wie Ehemännern, Vätern oder Söhnen. Damals kam in Amerika auf 300 Personen ein Saloon. In manchen Städten gab es mehr Kneipen als Schulen, Büchereien, Krankenhäuser, Theater und Parks zusammen!

Die Damen der WCTU schworen, etwas dagegen zu unternehmen. Sie hielten bei jedem Wetter Gebetstreffen und Mahnwachen vor beliebten Saloons ab und gingen manchmal sogar hinein, um die Gäste zu beschämen, damit sie zu Frau und Kindern nach Hause gingen. Wenn die Damen ein Etablissement erfolgreich ruiniert hatten, nahmen sie sich das nächste vor und taten, was sie konnten »Für Gott, Heim und Vaterland«.

Carrie Nation, die Frau eines Alkoholikers, trieb ihren Protest sogar noch weiter. Sie begab sich mit einer Axt zu Bahnhöfen und zertrümmerte Whiskey-Lieferungen, bevor die Kisten an die Bars verteilt werden konnten. Sie wurde mehrmals verhaftet, gab aber nie auf.

Wenn ich in die Vergangenheit reisen und eine bestimmte Erinnerung an meine Großmutter noch einmal erleben könnte, würde ich die Stunden nehmen, die wir nebeneinander auf ihrem Klavierhocker saßen und die Lieder in ihrem alten Gesangbuch sangen. Ich sehe noch vor mir, wie ihre weichen, anmutigen Hände die Tasten streichelten, und ich liebte ihre warme Altstimme, die vom Alter schon ein bisschen zitterte, während sie zu meinem Mädchensopran die zweite Stimme sang.

Von ihr habe ich auch meine Liebe zu alten Chorälen,

und ich mag sie bis heute, vor allem das Lieblingslied meiner Grandma: »Welch ein Freund ist unser Jesus«. Ihr habe ich es zu verdanken, dass Jesus auch mein Freund ist.

Jede und jeder von uns hat die Chance, andere zum Guten zu beeinflussen – ob es Angehörige sind oder die Menschen, denen wir jeden Tag bei der Arbeit oder in der Schule begegnen. Es passiert so leicht, dass wir uns nur um uns selbst drehen und dabei vergessen, dass wir Christus repräsentieren. Gott muss sich danach sehnen, dass wir sein Licht in eine dunkle Welt leuchten lassen.

Gebet

Herr Jesus, du willst, dass wir einen göttlichen Einfluss auf die Menschen um uns herum haben, so wie es bei meiner Grandma war. Erinnere uns heute daran, dass wir keine großen Dinge für dein Reich tun müssen, sondern die kleinen Dinge mit deiner Gnade und Liebe tun sollen.

40. Kühn leben

»Ich versichere euch: Wenn euer Glaube nur so groß ist wie ein Senfkorn, könnt ihr zu diesem Berg sagen: ›Rücke von hier nach dort!‹, und es wird geschehen. Nichts wird euch dann unmöglich sein!«

Matthäus 17,20

Wenn Sie zur Zeit der Pioniere gelebt hätten, wären Sie dann mutig genug gewesen, um auf einem hölzernen Schiff das Meer zu überqueren? Bei unserer Reise nach Kalifornien war ich im Seefahrermuseum von San Diego, und als ich an Deck der *San Salvador* stand, der Nachbildung einer spanischen Galeone aus dem Jahr 1542, stellte ich mir selbst diese Frage.

Das Schiff ist gerade mal gut dreißig Meter lang und nur zehn Meter breit. Es kam mir viel zu klein vor, um damit von Spanien aus über den Atlantik, um die Spitze von Südamerika herum in den Pazifik und dann zur kalifornischen Küste hinaufzufahren. Aber genau das haben die frühen Seefahrer gemacht, als sie in die Neue Welt aufbrachen.

Oder wie wäre es, mit der *Star of India* in See zu stechen, einem anderen kleinen Holzschiff, das in dem Museum zu besichtigen ist? Es brachte in der Mitte des 19. Jahrhunderts Passagiere von Großbritannien nach Neuseeland und die Reise um die Südspitze von Afrika dauerte fünf Monate! Ich versuchte mir vorzustellen, wie es wohl wäre, mit meiner ganzen Familie bei stürmischer See in dem engen Raum unter Deck eingepfercht zu sein, und fragte mich, was Menschen dazu brachte, trotz so großer Gefahren in neue Länder auszuwandern.

Wir haben uns auch das *California Science Center* in Los Angeles angesehen, in dem die Raumfähre *Endeavour* ausgestellt ist. Wie mutig man doch sein muss, um eine solche Reise anzutreten! Ich kann mit Sicherheit sagen, dass ein Ausflug ins All nichts für mich ist. Ich habe auf unserem Rückflug von Kalifornien anderthalb Stunden lang Turbulenzen mitgemacht, die mir den Magen umgedreht haben, und das reicht mir an Abenteuer.

Warum also sind Menschen bereit, »in Galaxien vorzudringen, die nie ein Mensch zuvor gesehen hat«, wie es bei der Fernsehserie *Raumschiff Enterprise* heißt? Woher kommt dieser Abenteuergeist? Ich habe einmal gehört, wie ein Rabbi über die Schöpfungsgeschichte im ersten Buch Mose sprach, und er hat den Vers, in dem Gott Adam und Eva befiehlt, die neu erschaffene Erde zu bevölkern und sich »untertan« zu machen, auf interessante Weise interpretiert.

Der Rabbi verstand diesen Befehl, sich die Erde untertan zu machen, so, dass wir unsere natürliche Neugier und unseren angeborenen Abenteuergeist nutzen sollen, um die Welt zu erforschen und so viel wie möglich darüber zu lernen. So wie meine einjährige Enkelin jedes Blatt und jedes Stöckchen und jede Ameise staunend betrachtet, wenn sie durch unseren Garten wackelt.

Es gehört zu unserem Wesen, dass wir lernen und wachsen, neue Orte erkunden und neue Dinge ausprobieren. Aber wenn wir älter werden, lassen wir uns von Angst und Bequemlichkeit bestimmen und dann verdrängen wir unsere natürliche Neugier, um auf der »sicheren« Seite zu bleiben.

Wenn ich nicht aufpasse, kann ich dieses Gespür für Neues und Wunderbares auch in meinem Glaubensleben verlieren und eine reine Zuschauerin und Konsumentin werden anstatt eine aktive Christin, deren Glaube wächst. In seinem fantastischen Buch über das Leben von Jeremia mit dem Titel *Mit den Pferden laufen* schreibt Peterson sinngemäß: Für einen gläubigen Menschen kommt es nicht darauf an, so bequem wie möglich durchs Leben zu gehen, sondern so tief gegründet zu leben wie möglich. Dazu gehört, die Wahrheit zu entdecken, Schönes zu erschaffen und aus Liebe zu handeln.

Das klingt ziemlich gefährlich und riskant, nicht wahr? Das ist so, als würde man versuchen, in einer besseren Nussschale den Ozean zu überqueren oder sich ins All schießen zu lassen. Aber um die Menschen wirklich zu lieben, so wie Christus es tut, sind Furchtlosigkeit und Risikofreudigkeit nötig. Wir müssen uns aus unserem Schneckenhaus trauen und auf Menschen zugehen, die anders sind als wir.

Aber wenn ich auf die Verheißung Jesu vertraue, dass er mich nie im Stich lassen oder aufgeben wird, sollte ich dann nicht furchtlos sein? Sollte ich nicht bereit sein, das Risiko einzugehen und kühn durchs Leben zu gehen, mich den Realitäten zu stellen, intensiv zu leben und die Menschen zu lieben? Will ich mutig sein wie die ersten Pioniere oder lieber auf Nummer sicher gehen und eine geistliche Zuschauerin und Konsumentin sein? Wenn wir aus dem Glauben heraus leben wollen, dann sollen wir uns unsere Situation und unsere Umstände ansehen und mutig auf sie zugehen.

Jesus hat gesagt: »*Ich versichere euch: Wenn euer Glaube nur so groß ist wie ein Senfkorn, könnt ihr zu diesem Berg sagen: ›Rücke von hier nach dort!‹, und es wird geschehen. Nichts wird euch dann unmöglich sein!*« Also lassen Sie uns heute ein paar Berge verrücken!

Gebet

Himmlischer Vater, manchmal haben wir solche Angst davor, intensiv zu leben und die Menschen zu lieben. Hilf uns, daran zu denken, dass du uns Mut und Glauben schenkst, damit wir die Arbeit tun können, zu der du uns berufst – hier und jetzt. Herr, gib mir Glauben und Mut, in deinem Namen Berge zu versetzen.

41. Lebendige Steine

»Zu ihm dürft ihr kommen. Er ist der lebendige Stein, den die Menschen weggeworfen haben. Aber Gott hat ihn erwählt, in seinen Augen ist er kostbar. Lasst auch ihr euch als lebendige Steine zu einem geistlichen Haus aufbauen. Dann könnt ihr Gott als seine Priester dienen und ihm Opfer darbringen, die der Heilige Geist in eurem Leben gewirkt hat. Weil ihr zu Jesus Christus gehört, nimmt Gott diese Opfer an.«

1. PETRUS 2,4-5

Jedes Jahr im Juli begehen meine jüdischen Freunde und Verwandten einen der traurigsten Tage ihres Kalenderjahres – *Tischa BeAv*. Es ist ein Tag des Fastens und Trauerns, an dem sie der Zerstörung des Tempels in Jerusalem gedenken. Am neunten Tag des Monats Av im Jahr 586 v. Chr. zerstörte die babylonische Armee den Tempel, den König Salomo erbaut hatte, und machte ihn dem Erdboden gleich. Die überlebenden Juden wurden in die Gefangenschaft nach Babylon verschleppt. Siebzig Jahre später kehrten die Juden aus dem Exil zurück und bauten Gottes Tempel wieder auf.

Aber dieser zweite Tempel – der zur Zeit Christi von König Herodes weitgehend ausgebaut wurde – wurde ebenfalls zerstört. Die römische Arme zerstörte ihn im Jahr 70 n. Chr., so wie Jesus es vorhergesagt hatte: »... *ich versichere euch: Kein Stein wird hier auf dem anderen bleiben. Alles wird nur noch ein großer Trümmerhaufen sein*« (Matthäus 24,2). Und durch einen tragischen »Zufall« wurde der zweite Tempel genau am selben Tag zerstört wie der erste Tempel – am neunten Tag des Monats Av.

Einer der bewegendsten Orte, die ich im Rahmen von Buchrecherchen bei meinen Reisen nach Israel besucht habe, ist der Platz, den die Israelis *Kotel* nennen – die Mauer. Dieses Stück Mauer ist der letzte Rest des Tempels aus der Zeit Jesu. Der Felsendom, ein muslimischer Schrein, steht jetzt an dem Ort, an dem beide Tempel standen. Die *Kotel* – auch Klagemauer genannt – war nicht Teil der eigentlichen Tempelgebäude, sondern ein Stück der Stützmauer, die König Herodes bauen ließ, um seinen erweiterten Tempel abzustützen. Aber sie ist der Ort, an den Juden und auch viele Christen heute kommen, um zu beten und Gottesdienst zu feiern.

Mich hat die Beharrlichkeit und die Widerstandsfähigkeit der Menschen jüdischen Glaubens beeindruckt, die immer noch herkommen und den Gott Abrahams anbeten nach allem, was sie im Laufe der Jahrhunderte erleiden mussten. Dieser halb verfallene Rest ihres zerstörten Tempels scheint mir ein angemessenes Symbol für ihren unauslöschlichen Glauben zu sein. Gottes Tempel ist nicht mehr da – und ist es irgendwie doch.

»*Wisst ihr nicht, dass ihr Gottes Tempel seid und dass Gottes Geist in eurer Mitte wohnt?*« (1. Korinther 3,16). Als Christen tragen wir den Heiligen Geist bei uns, wo auch immer wir sind. Und in 1. Petrus 2,5 steht, dass wir »lebendige Steine« sein sollen, die »zu einem geistlichen Haus« aufgebaut werden sollen.

Ein »lebendiger Stein« ist ein Stein, der aus dem Steinbruch gewonnen und behauen und für einen bestimmten Platz in einem Gebäude geformt ist. Immer wenn ich schmerzhaft spüre, dass ich geformt werde, stelle ich mir Jesus vor, der als Zimmermann alle meine Unregelmäßigkeiten wegmeißelt, damit ich an den Ort passe, den er für mich in seinem neuen Tempel vorgesehen hat.

Morgen, wenn ich mit meinen jüdischen Freunden an *Tischa BeAv* denke, werde ich beten, dass wir alle als lebendige Steine Christi unseren Platz einnehmen und unseren Teil tun, damit sein Tempel neu errichtet werden kann. Eine Welt in Exil und Gefangenschaft muss Gottes Herrlichkeit in uns sehen können.

Gebet

Herr Jesus, bitte hilf mir, daran zu denken, dass die Prüfungen in meinem Leben dazu dienen können, dass du mich zu dem Menschen formst, den du dir wünschst. Hilf mir, bereitwillig meinen Platz in deinem Tempel einzunehmen zusammen mit deinen anderen »lebendigen Steinen«, damit wir dir zur Ehre gereichen.

42. Frausein

»Hat jemand die Aufgabe übernommen, anderen Menschen zu helfen, dann arbeite er in der Kraft, die Gott ihm gibt. So ehren wir Gott mit allem, was wir haben und tun. Jesus Christus hat uns dies ermöglicht. Gott gebührt alle Ehre und Macht in Ewigkeit. Amen.«

1. PETRUS 4,11

Etwas, das mir am Frausein besonders gefällt, sind die verschiedenen Rollen, die ich im Laufe meines Lebens spielen konnte. Ich war Tochter und Schwester, Schülerin und Lehrerin, Freundin und Ehefrau, Mutter und jetzt Großmutter. Ach ja, und Schriftstellerin.

Meistens hatte ich dabei das Gefühl, dass ich an dem Ort war, an dem Gott mich haben wollte, und seinen Plan für die jeweilige Phase meines Lebens erfüllte. Aber ich erinnere mich an eine Zeit, bevor meine Karriere als Schriftstellerin richtig losging, als ich mich von den falschen Dingen ablenken ließ. Ich nahm eine Stelle an, weil ich das Geld und die Sicherheit wollte, in der Hoffnung, dass ich dadurch das Gefühl hatte, etwas wert zu sein.

Es war der schlimmste Job, den ich jemals hatte, und er war so stressig, dass er sogar Auswirkungen auf meine Gesundheit hatte! Ich lief in die falsche Richtung und Gott gebrauchte diese schmerzlichen Erfahrungen, um mich wieder zum Schreiben zurückzuführen.

Nehmen Sie sich einen Moment Zeit, um über Ihren Platz als Frau in dieser Welt nachzudenken. Vielleicht können Sie all die verschiedenen Rollen auflisten, die Sie derzeit spielen – Ehefrau, Mutter, Kollegin, Schwester, Freundin (und nicht zu vergessen Tochter Gottes).

Hat jede dieser Rollen Sie befriedigt? Was meinen Sie, welche dieser Rollen zu Gottes Plan für Ihr Leben gehören? Gibt es Rollen, die Sie aus den falschen Gründen übernommen haben?
Sind Sie glücklich mit Ihrer jetzigen Situation? Was würden Sie gerne ändern? Welche Schritte können Sie unternehmen, um diese Veränderung herbeizuführen und Gottes Willen für Ihr Leben besser zu erfüllen?

43. Eine Geschichte ohne Worte

»Wer steht mir bei gegen all diese Verbrecher?
Wer beschützt mich vor denen, die Böses tun?«

PSALM 94,16

Mein Mann und ich und drei andere Familienmitglieder waren neulich bei einer Ballettaufführung mit dem Titel »*It is Well* – Es ist gut«. Das Stück wurde von einer Tanzschule aus unserem Ort aufgeführt. Schon bevor die Veranstaltung begann, hatte mich beeindruckt, was ich über die Tanzgruppe gelesen hatte. Das Ziel dieser Arbeit, die 1999 gegründet wurde, ist es, »christuszentrierte, wertvolle, künstlerisch ansprechende Unterhaltung für die ganze Familie« anzubieten. Um das zu tun, bildet dieser gemeinnützige Verein Tänzer aus – beinahe 400 im Westen von Michigan –, indem sie dem Motto folgen, »die Tänzerinnen und Tänzer in Leib und Geist darauf vorzubereiten, dass sie Gott durch künstlerische Spitzenleistungen verherrlichen«.

Die Aufführung, die ich an diesem Abend besuchte, basierte auf einem Buch, das ich vor mehreren Jahren gelesen hatte,

Wo alle Worte enden von Diet Eman. Die niederländische Autorin erzählt die wahre Geschichte, wie sie und ihr Verlobter Hein Sietsma zusammen mit ihren jungen Freunden in den Niederlanden ihr Leben riskierten, um nach der Invasion durch die Nazis im Jahr 1940 jüdische Familien zu retten. Diet war erst neunzehn Jahre alt, aber ihr christlicher Glaube und das tiefe Vertrauen auf Gott, das Hein und sie verband, machte sie für diesen Dienst bereit, koste es, was es wolle.

Ihre gefährliche Arbeit im niederländischen Widerstand führte dazu, dass beide verhaftet wurden. Diet wurde eingesperrt und dann in ein Konzentrationslager gebracht, um auf ihren Prozess zu warten. In ihrem Buch berichtet sie ehrlich von ihren geistlichen Kämpfen, die sie während dieser Zeit durchlebte, und von der Wut und Ratlosigkeit, die sie Gott manchmal entgegenbrachte. Trotzdem behielt sie einen starken Glauben. Ihr Verlobter Hein wurde während des Krieges in mehreren Konzentrationslagern festgehalten, aber auch sein Glaube an Gott hatte Bestand. Diet wurde schließlich freigelassen und arbeitete weiter im Widerstand bis zur Befreiung. Hein starb im Konzentrationslager Dachau nur wenige Monate vor Kriegsende.

Stellen Sie sich jetzt einmal diese bewegende Geschichte vor, wie sie in Musik gesetzt und von einer Gruppe kreativer, talentierter Tänzer umgesetzt wurde. Mit einem Minimum an erklärenden Worten vermittelten diese Künstler die ganze Dramatik und emotionale Leidenschaft durch Bewegung und Rhythmus. Wir sahen, wie sie zusammenarbeiteten, um Juden zu verstecken. Die Finsternis der Besetzung durch die Nazis wurde beeindruckend umgesetzt durch eine Menge Tänzer in schlichten schwarzen Trikots, die auf die Bühne kamen und die Hauptpersonen überschatteten und sie in einen dünnen schwarzen Vorhang hüllten. Ein anderer Tänzer symbolisierte auf wunderbare Weise die Gegenwart des Heiligen Geistes im Konzentrationslager, indem er Diet und die anderen Insassen aufhob, wenn sie verzweifelt zu Boden sanken, und ihnen half, die Hände zum Gebet zu erheben. Als Schriftstellerin mache ich Gebrauch von Wörtern, um etwas auszudrücken. Diese eindrückliche Erfahrung einer Geschichte ohne Worte war atemberaubend.

Ich verließ das Theater mit dem kreativen Anstoß, den ich gebraucht hatte – und mit noch viel mehr. Die Aufführung war eine lebhafte Erinnerung daran, dass jede und jeder von uns etwas bewirken kann, wenn wir Gott gehorchen und unsere Gaben gebrauchen. Diet und Hein dienten in einer der dunkelsten Stunden der Weltgeschichte, indem sie sich Gott zur Verfügung stellten – und jede jüdische Familie, die sie im Krieg versteckten, überlebte. Die Tänzer und Choreografen entwickelten und gebrauchten ihre Talente, um Gott die Ehre zu geben, und das Publikum an diesem Abend war zutiefst berührt. Wir wurden daran erinnert, dass wir berufen sind, ihm jeden Tag zu dienen, ob durchs Schreiben oder Tanzen oder dadurch, dass wir jemandem im Namen Jesu ein Glas kaltes Wasser geben.

Hein schrieb seinen letzten Brief an Diet auf einem Zettel, den er fand, und warf ihn auf seinem Weg nach Dachau aus dem überfüllten Zug. Wie durch ein Wunder wurde der Brief gefunden und gelangte nach dem Krieg zu Diet. Darin stand unter anderem: »... selbst wenn wir einander hier auf der Erde nicht wiedersehen, werden wir niemals bereuen, was wir getan haben, dass wir diese Stellung bezogen haben.« Ich frage mich, wie wir unsere Begabungen heute einsetzen sollen, um einer leidenden Welt Gottes große Liebe zu zeigen.

Gebet

Herr Jesus, in der Welt um uns herum sehen wir Dunkelheit, aber manchmal können wir nicht sehen, wie wir dir in dieser Welt dienen sollen. Bitte öffne uns die Augen, dass wir die Orte sehen, an die wir gehen sollen, und die Menschen, die wir mit deiner Liebe retten sollen. Gib uns den Mut, etwas von uns selbst für dein Reich zu geben.

44. Zeiten der Veränderung

»Denn ich allein weiß, was ich mit euch vorhabe:
Ich, der Herr, habe Frieden für euch im Sinn
und will euch aus dem Leid befreien.
Ich gebe euch wieder Zukunft und Hoffnung.
Mein Wort gilt!«

JEREMIA 29,11

Es ist Herbst und eine neue Jahreszeit steht ins Haus. Überall um mich herum sehe ich die Anzeichen, wenn ich mit meinem Mann morgens spazieren gehe. An den Bäumen erkennt man es natürlich zuerst, wenn die grünen Blätter sich in leuchtende Gelb-, Orange-, Gold- und Rottöne verwandeln.

Der Park, der im Sommer voller Menschen und Aktivitäten war, ist jetzt geschlossen und verriegelt. Beinahe alle Boote sind für den Winter an Land gezogen worden, sodass die Anleger verlassen sind. Die Boote wirken dort auf dem Trockenen fehl am Platze, überzogen mit Plastikplanen, um dem bevorstehenden Wetter zu trotzen. Selbst der Strand wappnet sich mit Schneezäunen gegen die winterlichen Schneeverwehungen.

So schön der Herbst auch ist, gerate ich doch immer ein wenig in Panik, wenn ich all diese Dinge sehe, weil ich am liebsten möchte, dass alles bleibt, wie es ist. In meinem Buch *Oasenzeiten* habe ich geschrieben: »Veränderungen sind ein so riesiger Teil des Lebens, dass wir uns inzwischen daran gewöhnt haben müssten. Stattdessen wehren wir uns. Wir weinen am ersten Tag im Kindergarten, haben Angst vor dem ersten Schultag, sind überwältigt bei Studienbeginn am College. Eine neue Arbeitsstelle, ein neuer Ehepartner, ein neues Baby – all diese Veränderungen sind ein normaler Teil eines normalen Lebens und doch birgt jeder dieser Meilensteine enorme Veränderungen.«

Ist es Teil meiner menschlichen Natur, dass ich mich gegen Veränderungen wehre und will, dass alles beim Alten bleibt? Ich weiß, dass das unrealistisch ist. *Oasenzeiten* erzählt von einer Zeit in meinem Leben, in der zu viel Umbruch geschah. Aber nachdem ich in Israel war und in den Fußstapfen meiner Glaubenshelden gewandelt bin – Abraham, Sara, Mose, David, Jesus und seine Jünger –, wurde mir bewusst, dass Veränderung Gottes Schablone für unser Leben ist und nichts Anomales. So wachsen wir auf unserem geistlichen Weg und in unserem Glauben.

Ich kam von meiner Pilgerreise mit folgenden Gedanken zurück: »Veränderungen sind gut für mich und ich brauche mich nicht vor ihnen zu fürchten. Sie werden mir meine Unabhängigkeit und Eigenständigkeit nehmen und mich zwingen, mich auf Gott zu verlassen, mehr zu beten, ihm zu vertrauen und im Glauben mit dem Einen zu gehen, der die Veränderungen erfunden hat.«

Die Welt um mich herum wappnet sich für die Veränderung und ich weiß, dass ich das auch tun muss. Vielleicht hat Gott die dramatischen Veränderungen im Herbst erschaffen, damit wir nicht überrascht sind, wenn er in unser eigenes Leben kommt, sondern ihn voller Freude annehmen, weil wir wissen, dass wir einem unveränderlichen Gott dienen.

Vor welchen ungebetenen Veränderungen stehen Sie gerade? Wie wäre es, wenn Sie Ihre Hand in die Hand Gottes legen und darauf vertrauen, dass die Pläne, die er für Sie hat, sogar noch besser sind als das, was Sie sich je wünschen und erträumen könnten?

Gebet

Himmlischer Vater, hilf mir, mich daran zu erinnern, dass ein Leben ohne Veränderung ein verkümmertes Leben wäre. Wann immer ich ungebetene Veränderungen fürchte, hilf mir, an die Verheißung Christi zu denken: »Ich bin immer bei euch, bis das Ende dieser Welt gekommen ist!« Danke, dass du in Zeiten der Veränderung bei uns bist.

45. Apfelkuchen und andere Schätze

»Verkauft euren Besitz und gebt das Geld den Armen! Sammelt euch auf diese Weise einen Vorrat, der nicht alt wird und niemals zu Ende geht – einen Schatz im Himmel. Diesen Schatz kann kein Dieb stehlen und keine Motte zerfressen. Wo nämlich euer Schatz ist, da wird auch euer Herz sein.«

Lukas 12,33

Es sollte ein schöner Ausflug werden, um für mein nächstes Buch zu recherchieren, aber eisiger Regen fiel vom Winterhimmel, als unsere Freunde Paul und Jackie meinen Mann und mich durch die ländlichen Regionen Michigans fuhren. Paul wohnt schon sein ganzes Leben in West-Michigan und kennt so ziemlich jede Seitenstraße und jeden interessanten Ort auf der Landkarte – und ein paar, die nicht auf der Karte verzeichnet sind. »Ich will euch etwas zeigen«, sagte er, als wir in eine kleine Stadt kamen, von der ich noch nie etwas gehört hatte. »Mögt ihr Kuchen?«

Natürlich! Wer mag den nicht? Wir fuhren an ärmlichen Häusern vorbei und Straßen ohne Laternen oder Bürgersteige und bogen schließlich in die Auffahrt eines kleinen, unauffälligen Backsteinhauses. Das Garagentor stand offen, aber es befanden sich keine Autos darin, sondern nur ein hübscher Aufsitzrasenmäher, und an Haken und auf Regalen sah man das übliche Zeug, das man in den meisten Garagen findet. »Wer wohnt hier?«, fragte ich.

Paul zuckte mit den Schultern. »Keine Ahnung.«

Wir stiegen aus dem Wagen und rannten durch den Regen in die offene Garage. Ich halte mich für einigermaßen abenteuerlustig, aber ungebeten die unbewachte Garage eines Fremden zu betreten, kam mir komisch vor. Ich war sicher, jeden Augenblick würde die Tür zum Haus aufgehen und ein erboster Besitzer würde uns fragen, was wir hier taten.

Zwei riesige, antik aussehende Gefriertruhen standen an der Rückwand der Garage. Paul öffnete den Deckel einer Truhe und fragte: »Was für Kuchen mögt ihr denn? Wir haben Apfel, Kirsche, Heidelbeere, Pekannuss ... Oh, und selbst gemachte Apfelklöße!« Auf einem mit Hand beschrifteten Schild standen die Preise.

Das Geld kam in eine alte Pappschachtel und die Besitzer vertrauten einfach darauf, dass man bezahlte. »Wir hatten diese Kuchen schon öfter«, sagte Paul. »Ihr nehmt sie einfach mit nach Hause und backt sie auf. Sie sind total lecker.«

Er erklärte, dass es sich bei dieser Kuchenaktion um das Spendenprojekt einer Kirchengemeinde in der Nähe handelte. Die Frauen der Gemeinde trafen sich gelegentlich wie früher zum Nähen von Patchworkdecken und verbrachten den Tag damit, in der Küche des Gemeindezentrums Kuchen zu backen. Die fertigen Kuchen wurden dann von dieser Garage aus verkauft. Ich sah mich um, entdeckte aber keine Überwachungskameras.

Die ganze Sache basierte auf Vertrauen und war inzwischen in der Stadt und im Umland bekannt. In einem Umkreis von mehreren Meilen wusste jeder, wo das kleine Backsteinhaus war und dass die Garage immer offen war. Die Gefriertruhen waren immer mit Kuchen gefüllt. Und in die Kasse aus Pappe wurde das Geld hineingelegt.

Es war, als wäre ich in eine Zeit zurückgereist, die freundlicher und sozialer war. »Das ist unfassbar!«, sagte ich. »Wer macht denn so etwas?« Bis vor zwei Jahren hatte ich in Chicago gelebt, zusammen mit sechs Millionen anderen Menschen. Dort hätte diese Art von Kuchenverkauf niemals funktioniert. Niemals würde jemand den ganzen Tag über seine Garage offen stehen und Rasenmäher und andere Gegenstände unbewacht lassen, wo nur eine einfache Tür ins Haus führte – geschweige denn, Kuchen im Wert von mehreren Hundert Dollar in unverschlossenen Gefriertruhen lassen. Und bei den steigenden Energiepreisen wäre niemand freiwillig bereit, die Rechnung für zwei riesige, stromfressende Truhen zu bezahlen. Was für Leute waren das also, die so großzügig und vertrauensvoll waren?

Menschen, die auf Gott vertrauten und ihre Gemeinde unterstützen wollten. Menschen, die ihren Dienst für Gott über ihren materiellen Besitz stellten. Menschen, die darauf vertrauten, dass Gott die Situation irgendwie zum Guten nutzen konnte, wenn tatsächlich Diebe in ihr Haus einbrachen. Menschen, die glaubten, dass zu ihren »Nächsten« auch Fremde gehörten, denen sie nie begegnet waren, aber die gern Kuchen aßen.

Jesus hat gesagt: »*Sammelt euch auf diese Weise einen Vorrat, der nicht alt wird und niemals zu Ende geht – einen Schatz im Himmel. Diesen Schatz kann kein Dieb stehlen und keine Motte zerfressen. Wo nämlich euer Schatz ist, da wird auch euer Herz sein.*« Ich vermute, dass im Himmel ein ganzer Haufen Schätze auf diese vertrauensvollen, Kuchen verkaufenden Besitzer wartet.

Wir entschieden uns für einen Apfelkuchen und steckten zehn Dollar in die Pappschachtel. Und Paul hatte recht gehabt – der Kuchen schmeckte köstlich!

Gebet

Herr Jesus, du willst, dass wir dir von ganzem Herzen, mit ganzer Seele und aller Kraft dienen. Zeig mir heute, wo es mir an Eifer für dein Reich fehlt – wo ich irdische Schätze anhäufe anstatt himmlische. Hilf mir, großzügiger, liebevoller und freundlicher zu sein.

46. Furchtlos

»Nur bei Gott komme ich zur Ruhe;
er allein gibt mir Hoffnung.
Nur er ist ein schützender Fels
und eine sichere Burg. Er steht mir bei
und niemand kann mich zu Fall bringen.«

Psalm 62,6-7

Die Schwestern Agnes und Margaret Smith, die mich zu meinem Roman *Wüstenschwestern* inspiriert haben, hatten ein Lieblingsmotto, das mich immer noch fasziniert. Wann immer sie in Gefahr oder in einer heiklen Situation waren, sagten sie: »Gott kennt das Ende unserer Tage. Wir haben nichts zu befürchten.«

Ich habe mir ihr Motto für meine fiktiven Schwestern Becky und Flora ausgeliehen, damit sie es benutzen konnten, wann immer sie in einer schwierigen Lage waren. Einmal habe ich es mit einem Augenzwinkern eingesetzt, als die beiden während eines heftigen Unwetters an Bord eines Dampfschiffes waren:

Flora schrie auf, als das Schiff sich plötzlich so weit auf

eine Seite legte, dass sie Angst hatte, es würde kentern. Ihr riesiger Kofferschrank drückte sie gegen die Wand der Kabine. Als das Schiff sich gleich darauf wieder aufrichtete, schob Becky den Koffer fort und befreite ihre Schwester.

»Ist alles in Ordnung, Flora?«

»Ja, ich glaube schon.« Es dauerte einen Augenblick, bis sie sich von dem Schrecken erholt hatten und ihr Gepäck wieder in einer Ecke verstaut hatten.

Becky atmete aus. »Gott kennt das Ende unserer Tage«, sagte sie mit zitternder Stimme. »Aber ich hoffe wirklich, dass es nicht heute ist.«

Es ist eine Sache, furchtlos zu sein, wenn ich in meinem Sessel vor dem Kamin sitze, und etwas ganz anderes, wenn mein Flugzeug mitten über dem Atlantik in Turbulenzen gerät. Oder wenn ich schlechte Nachrichten von meiner Ärztin erhalte. Ich habe keine Angst vor dem Sterben – aber ich hoffe trotzdem, dass es noch nicht so weit ist!

Wir leben in beängstigenden Zeiten. Das Beunruhigendste an Terroranschlägen ist, dass wir nie wissen, wann oder wo sie geschehen können. Wir könnten gerade bei einem Konzert sein, in einem Restaurant sitzen, ein Museum besichtigen, bei einer Betriebsfeier sein oder an unserem Schreibtisch zu Hause oder im Büro sitzen. Das Bedürfnis, ständig auf der Hut sein zu müssen, intensiviert die Angst – und genau das wollen die Terroristen.

Meine Nichte war einmal hin- und hergerissen. Ihr vierzehnjähriger Sohn wollte bei einer Aktion mitmachen, bei der die Teilnehmer an einer viel befahrenen Straße Schulter an Schulter stehen und Schilder hochhalten, auf denen Aussagen stehen wie: »Abtreibung lässt ein schlagendes Herz verstummen« oder: »Jedes Kind hat ein Recht auf Leben«. Es war eine friedliche Demonstration für das Leben, die ihr Sohn in seinem leidenschaftlichen christlichen Glauben unterstützen wollte.

Verständlicherweise machte meine Nichte sich Sorgen über Fanatiker oder Gegendemonstranten, die das Leben ihres Sohns gefährden könnten. Sollte sie ihm erlauben mitzumachen? Was hätten Sie ihr geraten? Es ist eine Sache, mutig zu sein, wenn unser eigenes Leben auf dem Spiel steht, und etwas ganz anderes, wenn es um unsere geliebten Kinder und Enkel geht.

Eine Freundin von mir, die eine internationale Gebetsarbeit leitet, hat sich kürzlich mit einigen Christinnen aus Südkorea getroffen. Sie fragte, wie sie mit der täglichen Bedrohung aus Nordkorea leben konnten. Die Frauen erwiderten, sie hätten keine Zeit, in Angst zu leben. Sie waren zu sehr damit beschäftigt, sich auf den Tag vorzubereiten, an dem das Unrechtsregime im Nachbarstaat endlich zu Fall gebracht wird, damit sie dann die Hoffnung des Evangeliums zu ihren nordkoreanischen Brüdern und Schwestern bringen können.

Ich denke also in letzter Zeit häufiger über Angst nach und über das, was die Bibel dazu sagt. Mir fallen gleich mehrere meiner Lieblingsstellen ein:

> »*Auch wenn es durch dunkle Täler geht, fürchte ich kein Unglück, denn du, Herr, bist bei mir. Dein Hirtenstab gibt mir Schutz und Trost.*« (Psalm 23,4)

> »*Der Herr ist mein Licht, er rettet mich. Vor wem sollte ich mich noch fürchten? Bei ihm bin ich geborgen wie in einer Burg. Vor wem sollte ich noch zittern und zagen?*« (Psalm 27,1)

> »*Fürchte dich nicht, denn ich stehe dir bei; hab keine Angst, denn ich bin dein Gott! Ich mache dich stark, ich helfe dir, mit meiner siegreichen Hand beschütze ich dich!*« (Jesaja 41,10)

Das sind wunderbare Verse, an die ich mich erinnern kann, wenn ich das nächste Mal in Gefahr bin. Vor allem aber muss ich den Heiland kennen, der diese Versprechen macht. Wenn ich jemals gefordert bin, mutig für meinen Glauben einzutreten, so wie verfolgte Christen in anderen Ländern es täglich tun, dann will ich furchtlos sein, weil ich ohne jeden Zweifel weiß, dass der Gott, den ich kenne und liebe, bei mir ist. Er kennt das Ende meiner Tage. Ich habe nichts zu befürchten.

Gebet

Himmlischer Vater, es gibt so viele Dinge auf der Welt, die uns Angst machen – Angst um unsere eigene Sicherheit und um die Sicherheit der Menschen, die ich liebe. Hilf mir, an deine große Liebe zu mir und zu meinen Lieben zu denken, damit ich mit Mut und Glauben in diese dunkle Welt gehen kann.

47. Glaubensflug

»Macht euch keine Sorgen!
Ihr dürft in jeder Lage zu Gott beten.
Sagt ihm, was euch fehlt,
und dankt ihm! Dann wird Gottes Friede,
der all unser Verstehen übersteigt,
eure Herzen und Gedanken bewahren,
weil ihr mit Jesus Christus verbunden seid.«

PHILIPPER 4,6-7

Hin und wieder habe ich die Gelegenheit, meinem Schreibtisch zu entfliehen und irgendwo hinzufliegen, um einen Vortrag zu halten. Seit Monaten hatte ich mich auf ein Frauenfrühstück in einer Gemeinde in St. Louis im Bundesstaat Missouri gefreut. Ich hatte beschlossen, am Vortag anzureisen, und traf um 8.30 Uhr morgens in Chicago am Flughafen ein. Ich suchte auf der Anzeigetafel meinen Flug und las: FLUG FÄLLT AUS

Wie bitte? Ich überflog die Liste und sah, dass beinahe jeder Flug als verspätet oder gestrichen markiert war. »Heute Morgen hat es in unserer Radarstation gebrannt«, erklärte ein Angestellter der Fluggesellschaft. Er zeigte auf eine lange Schlange mit Passagieren und fügte hinzu: »Die Kollegen werden Ihren Flug umbuchen.«

Ich stellte mich zu den anderen in die Schlange und rief Bonnie an, meine Kontaktperson in der Gemeinde. »Wir beten für dich«, versprach sie.

Die Schlange bewegte sich kaum vorwärts. Als eine Stunde verstrichen war und noch immer Hunderte Menschen vor mir in der Reihe standen, rief ich meinen Mann an. »Kannst du eine Zugverbindung nach St. Louis raussuchen?« Er rief zurück und sagte, die Züge seien bis zum späten Abend ausgebucht. Ich beschloss, noch etwas länger zu warten, bevor ich mich für den Zug um Mitternacht entschied. Ich war mit den Nerven fertig.

Es dauerte drei Stunden, bis ich endlich mit jemandem am Schalter sprechen konnte, also hatte ich jede Menge Zeit, mir Sorgen zu machen. Überall um mich herum schrien Leute die Angestellten an oder brüllten in ihre Handys, um zu erklären, warum sie *unbedingt* rechtzeitig an ihrem Zielort sein mussten. Mein Magen zog sich von der ganzen Aufregung schon zusammen.

Dann fiel mir ein, dass Gott nach wie vor alles im Griff hatte. Ich weiß, manchmal bin ich etwas schwer von Begriff, was diese Dinge angeht. Glaubte ich, dass Gott mich berufen hatte, in dieser Gemeinde zu sprechen? Ja. Dann würde ich auch dort hinkommen, wenn er mich dort haben wollte. Und wenn er für dieses Frauenfrühstück einen anderen Plan hatte, würden alle Sorgen der Welt nicht das Geringste nützen.

Als ich schließlich mit der Frau am Schalter sprach, war ich ganz ruhig, während ich mein Problem erläuterte. »Ich kann Sie auf morgen früh um 10 Uhr umbuchen«, sagte sie.

»Das ist zu spät. Ich muss morgen um 9 Uhr einen Vortrag halten.«

»Tut mir leid, aber ich habe heute keine Plätze mehr frei.«

Ich gab nicht nach. »Ich muss dort sein«, wiederholte ich immer noch ruhig. »Können Sie mich auf irgendeinen Flug von hier aus buchen und dann weiter nach St. Louis?« Sie erklärte, dass die Flüge einer nach dem anderen landen und abheben mussten, ohne Radar. Die Chancen, an diesem Tag irgendeinen abgehenden Flug zu ergattern, standen schlecht. Ich gab immer noch nicht klein bei.

»Lassen Sie mich noch mal nachsehen«, sagte sie seufzend. Ich hörte, wie ihre Finger über die Tastatur flogen. Dann sah sie überrascht auf. »Hier ist tatsächlich noch ein Platz für den Flug um 14.30 Uhr – natürlich nur, wenn das ankommende Flugzeug landen kann.« Ich bat sie, den Platz für mich zu buchen.

Um 15.30 Uhr wartete ich immer noch beim Gate zusammen mit anderen besorgten Passagieren. Ein junger Mann sollte bei der Hochzeit seines Bruders am nächsten Tag Trauzeuge sein. Drei reizende Damen aus Irland versuchten, zu dem Haus ihrer Verwandten zu gelangen. Ein junger Soldat, der auf Heimaturlaub aus Japan war, hatte seine Frau und seinen vierjährigen Sohn seit Monaten nicht mehr gesehen. Er stand auf und verkündete: »Ich miete mir einen Wagen. Wenn jemand mitfahren will, nehme ich Sie gerne mit nach St. Louis.«

Vielleicht war dies Gottes Plan für mich. Ich beschloss, mich ihm anzuschließen. Die drei Irinnen und der Trauzeuge ebenfalls. »Aber lassen Sie uns lieber noch mal beim Gate nachfragen, bevor wir aufgeben«, schlug ich vor. Und genau in diesem Augenblick kam die Durchsage, dass unser Flieger endlich gelandet war. »Aber wird er auch wieder starten können?«, fragten wir am Schalter. Die Angestellte war ziemlich sicher, dass wir fliegen konnten. Irgendwann. Und später am Abend hoben wir tatsächlich ab.

Das Frühstückstreffen am nächsten Morgen lief gut. Ich bezeugte aus eigener Erfahrung, dass Gott Gebete erhört, und erzählte den Damen, dass wir alle aufhören sollten, uns Sorgen zu machen. Und die Moral von der Geschichte? Jesus hat es selbst auf den Punkt gebracht: »*Warum habt ihr Angst? Vertraut ihr mir so wenig? ... Wenn ihr euch noch so viel sorgt, könnt ihr doch euer Leben um keinen Augenblick verlängern.*«

Gott hat alles im Griff – und ich bin nicht er.

Gebet

Herr, egal, wie oft wir diese Lektion lernen und deine Treue erfahren – wir scheinen es immer wieder zu vergessen und machen uns Sorgen. Schenke uns deinen Frieden, Herr, selbst in unseren schwierigsten Umständen, damit wir Zeugen deiner Liebe und Treue sein können.

48. Eine Waffe gegen die Angst

Warum gehen Sorge und Angst immer Hand in Hand? Zu diesen beiden Versuchungen greift der Feind ständig in meinem Leben. Aber ich habe eine gute Waffe entdeckt, die ich dann ziehen kann, wenn ich in Versuchung gerate. Es ist dieselbe Waffe, die Jesus benutzt hat, als der Feind ihn in der Wüste versucht hat: Gottes Wort.

Der Psalmist schreibt: »*Tief präge ich mir dein Wort ein, damit ich nicht vor dir schuldig werde*« (Psalm 119,11). Wenn ich jetzt versucht bin, mir Sorgen zu machen oder ängstlich zu sein, spreche ich mir laut diese Worte vor, die ich auswendig gelernt habe, um mich daran zu erinnern, dass Gott treu und vertrauenswürdig ist. Hier sind weitere Bibelverse, die uns in Zeiten der Angst und der Sorge ermutigen:

> »*Groß ist deine Güte, sie reicht bis an den Himmel! Und wohin die Wolken auch ziehen: Überall ist deine Treue!*« (Psalm 57,11)

> »*Denn seine Liebe zu uns ist stark und seine Treue hört niemals auf!*« (Psalm 117,2)

»Die Güte des Herrn hat kein Ende, sein Erbarmen hört niemals auf, es ist jeden Morgen neu! Groß ist deine Treue, o Herr!« (Klagelieder 3,22-23)

»So erkennt doch: Der Herr, euer Gott, ist der wahre und treue Gott! Über Tausende von Generationen steht er zu seinem Bund und erweist allen seine Güte, die ihn lieben und sich an seine Gebote halten.« (5. Mose 7,9)

»Denn was der Herr sagt, das meint er auch so, und auf das, was er tut, kann man sich verlassen.« (Psalm 33,4)

»Auf das Wort des Herrn kann man sich verlassen, und was er tut, das tut er aus Liebe.« (Psalm 145,13)

»Gott hat euch ja dazu auserwählt; er ist treu, und was er in euch begonnen hat, das bringt er auch ans Ziel.« (1. Thessalonicher 5,24)

»Haltet an dieser Hoffnung fest, zu der wir uns bekennen, und lasst euch durch nichts davon abbringen. Ihr könnt euch felsenfest auf sie verlassen, weil Gott sein Wort hält.« (Hebräer 10,23)

»Seid nicht bestürzt und habt keine Angst ... Glaubt an Gott und glaubt an mich!« (Johannes 14,1)

»Wer (...) dem Herrn vertraut, den wird Gottes Liebe umgeben.« (Psalm 32,10)

Was sind Ihre Lieblingsverse? Wie wäre es, wenn Sie sie aufschreiben und auswendig lernen, damit sie in Ihrem Herzen sind, wenn Sie sie das nächste Mal brauchen?

49. Fröhliche Herzen

»Freut euch zu jeder Zeit, dass ihr zum Herrn gehört.
Und noch einmal will ich es sagen:
Freut euch! Alle Menschen sollen eure Güte
und Freundlichkeit erfahren.
Der Herr kommt bald!«

PHILIPPER 4,4-5

Vielleicht ist es ein Kleinstadtphänomen. Vielleicht passiert es nur in dieser Kleinstadt. Ich weiß es nicht, aber mein Mann und ich haben gleich nach unserem Umzug in die Kleinstadt Holland am Lake Michigan den Unterschied bemerkt. Die Freundlichkeit. Das Lächeln. Die Art, wie Menschen stehen bleiben und mit Fremden wie uns reden.

Es fing mit dem morgendlichen Spaziergang an, den wir jeden Tag machen. Der Weg, der an unserem Haus vorbei zum Strand führt, ist bei Joggern und Radfahrern ebenso beliebt wie bei Hundebesitzern. Wir staunten, dass alle uns mit einem Lächeln und einem freundlichen »Guten Morgen« begrüßten. Wenn wir stehen blieben, um die Boote auf dem See zu beobachten oder zuzusehen, wie ein Angler seine Angel auswarf, wurden wir oft in eine freundliche Unterhaltung mit Passanten verwickelt. Wenn wir auf unserer Veranda sitzen, winken die Leute.

Und eines Tages ging ich in eine Bank, um schnell noch etwas zu erledigen, in Gedanken mit einem Dutzend anderer Besorgungen auf meiner Liste beschäftigt. Die Dame am Schalter sagte etwas, als sie mir meine Einzahlungsquittung reichte, aber ich bekam es nicht mit. »Entschuldigung?«, fragte ich.

Sie lächelte. »Ich habe Sie nur gefragt, wie Ihr Tag heute ist.« Ich wusste kaum, was ich antworten sollte! Aber meine Besorgungen erschienen mir plötzlich nicht mehr ganz so dringlich, während ich mir die Zeit nahm, mit der freundlichen Kundenberaterin über unsere Wochenendpläne zu plaudern.

Wenn man in einen anderen Bundesstaat zieht, braucht man einen neuen Führerschein und neue Fahrzeugkennzeichen. Also wappnete ich mich für den Gang zur Zulassungsstelle. Wir waren im Laufe der Jahre schon häufiger umgezogen und ich wusste, was mich auf dem Amt erwartete. Die unterbezahlten, überarbeiteten Beamten in diesen hektischen Büros haben nicht viel Grund zu lächeln. Aber die Leute in unserem neuen Meldebüro gehörten zu den freundlichsten Menschen, denen ich je begegnet bin.

Der Herr, der den Sehtest mit mir machte, scherzte über die ältere Frau, die ihn immer wieder fragte, wo man das

Bild scharf stellen kann. Die Frau, die das Foto für meinen Führerschein machte, fragte mich, ob das Bild mir gefiel oder ob sie noch ein anderes machen sollte. Und als wir alle fertig waren, lächelte der Mann, der so viel Zeit mit unseren Unterlagen verbracht hatte, und sagte: »Willkommen in unserer Stadt. Ich hoffe, es gefällt Ihnen hier.«

Eine unserer Nachbarinnen brachte uns frisch gebackene Plätzchen, als sie bei uns klingelte, um sich vorzustellen. Ich hätte nicht gedacht, dass es so etwas noch gibt. Die Kassiererinnen im Supermarkt unterhalten sich mit uns, als würden wir uns schon ein Leben lang kennen. Andere Fahrradfahrer halten an und sagen uns, welche neuen Wege wir ausprobieren sollten.

Fremde auf dem Markt geben uns Tipps, wo es die süßesten Maiskolben und die saftigsten Wassermelonen gibt. Eine Frau aus einer Kirche, in der wir mal waren, kam mit einem frischen Laib Brot und anderen Leckereien aus der besten Bäckerei in der Stadt bei uns vorbei. Meine junge Nachbarin von gegenüber bot an, unsere Blumen zu gießen, als wir übers Wochenende wegfuhren – und wir hatten sie gerade erst kennengelernt!

Ich gestehe, dass ich zuerst etwas misstrauisch war. Warum waren die Leute hier so nett? War das ein Trick? Eine Masche? Wollten sie etwas von mir? Leider habe ich in den letzten zweiundzwanzig Jahren, in denen ich in unpersönlichen Metropolen gelebt habe, eine riesige Mauer aus Misstrauen errichtet. Aber diese Mauern fallen jetzt in sich zusammen. Wollen Sie wissen, warum? Als ich heute Morgen am Schreibtisch saß, klingelte ein Nachbar an der Tür und hatte einen herrlichen Blumenstrauß in der Hand. Den hatte er in seinem Garten gepflückt. Für uns!

In der Bibel steht: »*Ein fröhliches Herz macht den Körper gesund*« (Sprüche 17,22) und das bedeutet, dass die Menschen in dieser Stadt ein langes, gesundes Leben haben werden. In seinem Buch *Mit den Pferden laufen* schreibt Eugene Peterson sinngemäß: »Wenn man sich von anderen distanziert, kann man nicht der Mensch sein, den Gott im Sinn hat.« Also übe ich mich im Lächeln. Ich habe beschlossen, dass ich eine Dosis von Gottes heilsamer Medizin gut gebrauchen kann.

Gebet

Himmlischer Vater, ich bete, dass die Liebe und die Freude und der Friede, die ich in Christus gefunden habe, aus meiner Seele leuchten, sodass jeder sie sehen kann. Hilf mir, die Menschen, denen ich begegne, wirklich wahrzunehmen und dein Ebenbild in jedem von ihnen zu sehen.

50. Jahresrückblick

»Denn Gott, der Herr, ist die Sonne,
die uns Licht und Leben gibt,
schützend steht er vor uns wie ein Schild.
Er schenkt uns seine Liebe
und verleiht uns hohes Ansehen.
Wer ihm rückhaltlos ergeben ist,
den lässt er nie zu kurz kommen.«

PSALM 84,12

Zu Beginn eines neuen Jahres blicken die Moderatoren von Fernsehsendungen oft auf die vergangenen zwölf Monate zurück und erinnern uns an alles, was geschehen ist. Ich habe am 1. Januar etwas Ähnliches gemacht und meinen eigenen Jahresrückblick gehalten. Während meiner Stillen Zeit mache ich mir jeden Morgen Notizen. Ich schreibe auf, was ich getan habe, wofür ich bete, welche Erkenntnisse ich beim Bibellesen gewonnen habe und was Gott mir gezeigt hat. Manchmal übersieht man die Wunder im Alltag, aber als ich mein Tagebuch vom letzten Jahr noch einmal las, wurde Gottes Hand ganz deutlich sichtbar.

Seine Antworten auf mein Gebet zum Beispiel. Ich begann das Jahr mit vielen Bitten um Führung, während mein Mann sich darauf vorbereitete, nach 22 Jahren als Hochschullehrer für Trompete in Rente zu gehen. Die Einzelheiten, die mit seinem Ruhestand verbunden waren, kamen mir damals vor wie ein riesiger Berg und meine Gebete waren voll davon: das Haus verkaufen, vor dem Umzug aussortieren, dann alles einpacken und sauber machen, in ein neues Haus in einem anderen Bundesstaat ziehen, mit finanziellen Veränderungen klarkommen, Freunde und Verwandte zurücklassen. Aber jetzt haben wir den Umzug vollzogen, haben uns eingewöhnt und genießen unser schönes Zuhause mit allem Neuen und danken Gott dafür, dass er uns hierhergeführt hat. All diese Sorge – für nichts und wieder nichts!

Es gab auch Gebete für Familienmitglieder, vor allem für unseren Sohn, der nach seiner Doktorarbeit eine Anstellung suchte. Er brauchte einen langen Atem und das Warten schien ewig zu dauern, aber nach Gottes perfektem Zeitplan fand sich zu Beginn des neuen College-Jahres eine Stelle, die ihm sehr viel Freude bereitet. Wenn ich mir ansehe, wie Gott in der Vergangenheit Gebete erhört hat, stärkt das meinen Glauben daran, dass Gott auch in Zukunft meine Gebete erhören wird.

Am 1. Januar hatte ich geschrieben: »Ein nagelneues Jahr. Ich weiß nicht, was es bringen wird, aber ich vertraue Gott. Ich möchte bewusst leben, jeden Tag genießen und nicht einfach nur eine To-do-Liste oder die Kalendertage abhaken.« Ich hatte ja keine Ahnung, wo Gott mich überall haben wollte und wie sehr ich Gott würde vertrauen müssen!

Im März flog ich zu einer Vortragsreise in die Niederlande. Als ich zurückkam, schrieb ich: »Gott hat mir Kraft geschenkt und mir die richtigen Worte in den Mund gelegt. Er kann mehr, als wir uns jemals wünschen oder vorstellen können.« Im Juni unternahm ich noch eine Vortragsreise. Dieses Mal nach Deutschland.

In erinnerte mich daran, welch schreckliche Angst ich früher vor öffentlichen Auftritten und vor dem Fliegen hatte. »Ich frage mich, wie oft ich wegen meiner Ängste und Zweifel etwas Gutes verpasst habe, das Gott für mich bereit hielt«, hatte ich in mein Tagebuch geschrieben. »Wenn ich immer noch Angst vor Vorträgen und dem Fliegen hätte, wäre mir der Segen entgangen, den ich erfahre, wenn ich ihm an diesen wunderbaren Orten diene.« Ich hatte so viele Ängste – obwohl Gott die ganze Zeit mein Leben in seiner treuen Hand hielt.

Als das Jahr zu Ende ging, schrieb ich am 31. Dezember: »Dies war ein Jahr mit so vielen Veränderungen und neuen Anfängen! Herr, hilf mir, mich weiter zu verändern und Jesus immer ähnlicher zu werden.«

Wenn ich darüber nachdenke, geht es bei allen Prüfungen und Herausforderungen vielleicht genau darum – dass wir lernen, unserem Heiland zu vertrauen und ihm immer ähnlicher zu werden. Während das neue Jahr beginnt, bete ich, dass Gott mir helfen möge, Sorgen und Ängste durch Glauben und Vertrauen zu ersetzen.

Gebet

Herr Jesus, danke, dass du meine Gebete immer beantwortest, auch wenn es nicht die Antwort ist, die ich erwartet habe. Hilf mir, mich daran zu erinnern, dass du in die Zukunft blicken kannst – und ich nicht. Hilf mir, darauf zu vertrauen, dass du in jeder Lage weißt, was das Beste für mich ist.

51. Lebenslektionen

»Jesus antwortete ihm: ›Du sollst den Herrn,
deinen Gott, lieben von ganzem Herzen,
mit ganzer Hingabe und mit deinem ganzen Verstand.‹
Das ist das erste und wichtigste Gebot.
Ebenso wichtig ist aber ein zweites:
›Liebe deinen Mitmenschen wie dich selbst.‹«

MATTHÄUS 22,37-39

Neulich war ich bei der Beerdigung eines Mannes, den ich nicht gut kannte. Seine Tochter ist eine Freundin aus der Gemeinde und seine Frau eine gute Freundin aus dem Buchklub, den ich besuche. »*Geh lieber in ein Haus, wo man trauert*«, steht in der Bibel, »*als dorthin, wo gefeiert wird. Denn im Trauerhaus wird man daran erinnert, dass der Tod auf jeden Menschen wartet. Wer noch lebt, sollte sich dies zu Herzen nehmen!*« (Prediger 7,2) Gelegentlich muss ich daran erinnert werden, wie kurz meine Zeit auf der Erde ist, damit ich jeden Tag so gut wie möglich nutze. Rons Beerdigung erinnerte mich an einige wichtige Lebenslektionen.

1. Das Leben ist schwer – Jammern hilft nicht. Ron wuchs mit sieben Geschwistern und wenig Geld auf. Um etwas zu verdienen, half er seinem Bruder beim Austragen von Zeitungen, damit er sich ein Fahrrad kaufen und selbst auch Zeitungsbote werden konnte. Ron arbeitete fleißig und kaufte sich endlich ein Fahrrad – und noch am selben Tag fuhr ein Auto rückwärts dagegen. Nun war es nur noch ein Haufen Schrott.

Was tat Ron? Er fing noch mal von vorne an und arbeitete, um für das nächste Fahrrad zu sparen. Als Erwachsener hatte er dieselbe Arbeitseinstellung und Ausdauer, als er sein eigenes Unternehmen gründete, das im Laufe der Jahre langsam wuchs.

Ich gebe zu, dass ich eine Heulsuse bin. Ich jammere gerne anderen was vor, damit ich ihnen leidtue. Aber die Prüfungen, mit denen wir zu kämpfen haben, formen den Charakter – und oft offenbaren sie ihn auch. Ja, das Leben ist schwer ... aber Gott ist gut.

2. Menschen sind wichtig. Rons Büroleiterin sprach bei der Trauerfeier sehr berührende Worte. »Er war mehr als mein Chef«, sagte sie. »Er war mir ein Vater und ein Freund.« Menschen waren Ron sehr wichtig. Selbst der Pförtner von seiner Wohnanlage kam zur Beerdigung und weinte während des ganzen Gottesdienstes.

Ron wusste, wann er die Arbeit Arbeit sein lassen musste, um Zeit mit seiner Familie zu verbringen. Er ging zu den

Sportveranstaltungen und Aufführungen seiner Kinder und machte mit ihnen Urlaub. Seine »Familie« wuchs zu einem großen Clan heran, bei dem es für jeden genügend Liebe gab.

Menschen sind Gott wichtig und deshalb sollten sie uns auch wichtig sein. Ist mein Herz groß genug, um all die Menschen aufzunehmen, die Gott mir in den Weg stellt – auch den Pförtner?

3. Wie wird unser Vermächtnis aussehen? Ron teilte gerne mit anderen seine Zeit, sein Geld und seinen Besitz. Er und seine Familie suchten für jeden »Geburtstagsverse« aus, Bibelstellen, die sie besonders ansprachen. Ron wählte 2. Korinther 9,6-7: »*Wer wenig sät, der wird auch wenig ernten; wer aber viel sät, der wird auch viel ernten. ... Denn Gott liebt den, der fröhlich gibt.*« Ron hat seiner Familie gerne Geschenke gekauft und war auch Fremden gegenüber großzügig. Seine Frau sagt, sie habe ihn im Restaurant immer davon abhalten müssen, dass er zu viel Trinkgeld gab.

Lebe ich großzügig oder säe ich wenig? Als ich im Vorfeld unseres Umzugs meine Schränke und Kammern durchging, fiel mir auf, wie viel Zeug sich angesammelt hatte. Warum hatte ich das nicht längst für einen guten Zweck gespendet?

Wir haben diese Wahrheiten schon oft gehört in verschiedenen Formen: Das Gleichnis Jesu von dem reichen Dummkopf, der für all sein Zeug größere Scheunen bauen ließ; Lazarus und der reiche Mann, dessen Sorge um das geistliche Wohl seiner Angehörigen viel zu spät kam. Und wie war das noch mit der Mahnung Jesu, dass wir unser Herz nicht an irdische Schätze hängen sollen? Leichenwagen haben keine Ladefläche.

Das Vermächtnis, das ich hinterlasse, besteht nicht aus meinem Besitz oder dem Geld, das in meinem Rententopf übrig ist, wenn ich tot bin. Mit all den scheinbar kleinen Entscheidungen, die ich treffe, mit meinen Prioritäten, die ich mir setze, und mit der Art, wie ich andere Menschen behandele, baue ich jeden Tag an meinem Vermächtnis. Und wenn ich in den Himmel befördert werde, hoffe ich, dass man sich an mich erinnert, weil ich anderen die Liebe Christi gezeigt habe.

Gebet

Herr Jesus, du hast uns gelehrt, keine irdischen Schätze anzuhäufen, weil sie verderblich sind, sondern uns einen Schatz im Himmel zu sichern. Hilf mir, mein Leben im Licht deines Wortes zu betrachten, und erinnere mich jeden Tag daran, meinen Nächsten zu lieben wie mich selbst.

52. Tu es einfach!

*»Da wir nun so viele Zeugen des Glaubens
um uns haben, lasst uns alles ablegen,
was uns in dem Wettkampf behindert,
den wir begonnen haben – auch die Sünde,
die uns immer wieder fesseln will.
Mit Ausdauer wollen wir auch noch das letzte Stück
bis zum Ziel durchhalten.«*

HEBRÄER 12,1

Ein Freund erzählte mir neulich, er habe eine Idee für ein Buch und wolle es schreiben, wenn er in Rente geht. Ich höre häufiger solche Äußerungen und oft haben sie etwas mit dem Schreiben zu tun oder mit einem anderen Traum, den jemand für die Zukunft hat. »Irgendwann würde ich gerne …« Gefolgt von der Ausrede: »Im Moment haben meine Kinder zu viele Verpflichtungen; bei der Arbeit ist gerade tierisch viel los; ich habe keinen ruhigen Ort zum Schreiben; ich habe keine Zeit …« Mein Rat ist immer derselbe: Warte nicht!

Unser Leben wird immer hektisch und voll sein. Wir

werden nie die nötige Zeit haben, wenn wir sie uns nicht nehmen. Und der ruhigste, stillste Ort, an dem wir jemals sein werden, ist der Friedhof. Vielleicht ist das etwas hart formuliert. Aber ich weiß, wovon ich rede.

Als ich anfing, vom Schreiben zu träumen, waren unsere Kinder neun und zwei und wenige Monate alt. Mein Mann arbeitete beinahe rund um die Uhr, damit wir mit seinem Gehalt über die Runden kamen, denn er hatte zwei Jobs. Ich hatte keine Ahnung, ob ich Talent hatte, und erst recht keine Ahnung, wie man Bücher veröffentlicht. Irgendwann habe ich mich einfach hingesetzt, als mein Ältester in der Schule war und die beiden Kleinen ihren Mittagsschlaf machten, und habe mit dem Schreiben angefangen. Es dauerte nicht lange, bis mir klar war, dass ich meine Berufung gefunden hatte.

Die Kurzgeschichte, die ich ursprünglich schreiben wollte, verwandelte sich am Ende in eine fünfteilige Buchreihe mit dem Titel *Die Chroniken der Könige*. Ich hatte Feuer gefangen. Und dann kam die Zeit, als meine Kinder keinen Mittagsschlaf mehr machten und das Leben chaotisch wurde.

Zwei oder drei Jahre später nahm ich an einem Seminar für christliche Autorinnen und Autoren teil und der Autor Jerry Jenkins gab uns wunderbare Ratschläge. Seine Söhne waren damals noch klein und er hatte einen Ganztagsjob, aber er sagte, er hätte Gott versprochen, er würde erst schreiben, wenn seine Kinder im Bett waren. »Natürlich«, fügte er hinzu, »musste ich sie manchmal um vier Uhr nachmittags ins Bett bringen ...« Es war ein Scherz, aber was er über Prioritäten zu sagen hatte, war für mich wichtig.

Mein Glaubensleben und meine Familie waren meine obersten Prioritäten. Aber wenn mein Traum vom Schreiben wirklich von Gott kam, musste er auch ziemlich weit oben auf der Liste stehen.

Ich stellte meinen Computer in unserem Wohnzimmer auf, mitten zwischen Legos und Puppenhäusern und Bastelprojekten, und lernte, trotz des Durcheinanders und der ständigen Unterbrechungen zu schreiben. Ich nahm Notizbücher und Artikel für meine Recherche mit zum Hockeytraining oder zum Schwimmunterricht und plante mein nächstes Kapitel, während ich auf dem Spielplatz stand und meine Kinder beim Schaukeln anschubste. Nichtstun war für mich ein Fremdwort.

Damit will ich sagen: Warten Sie nicht! Tun Sie's einfach! Wie auch immer der Traum aussieht, den Gott Ihnen gegeben hat, lassen Sie ihn wahr werden, während er noch lebendig ist und Ihre Leidenschaft dafür brennt. Wahrscheinlich ist der Wunsch, der sich nicht legt, und der Traum, der bleibt, genau der Traum, den Gott für Sie im Sinn hat. Es ist nie zu früh oder zu spät, um anzufangen. Organisieren Sie

Ihren Alltag anders. Ändern Sie Ihre Prioritäten, um Zeit zu schaffen. Und dann legen Sie einfach los! Sie sollen nichts bereuen, außer vielleicht, dass sie nie angefangen haben.

Gebet

Himmlischer Vater, oft kommen wir mit Ausreden, weil wir Angst haben. Bitte zeig uns, dass wir keine Angst zu haben brauchen, wenn wir auf dich vertrauen und auf deine Berufung für uns. Gib, dass deine Liebe und das Geschenk, das Christus uns mit seinem Opfer gemacht hat, uns motivieren.

53. Der Zauber der Liebe

»Ich gebe euch jetzt ein neues Gebot:
Liebt einander! So wie ich euch geliebt habe,
so sollt ihr euch auch untereinander lieben.
An eurer Liebe zueinander wird jeder erkennen,
dass ihr meine Jünger seid.«

JOHANNES 13,34-35

Ich wusste, dass der Besuch im Pflegeheim schwierig sein würde. Auf ein Wunder war ich nicht vorbereitet. Ich ging mit meiner Freundin Cathy dorthin, deren ältere Schwester an Alzheimer leidet. Ich wusste, dass Muriel früher eine lebhafte, fröhliche Frau gewesen war, die das Leben genossen und ihre Familie und ihren Herrn aus tiefstem Herzen geliebt hatte. Es war schmerzlich, die leere Hülle zu sehen, die sie geworden war.

Zusammengesunken und mit ausdrucksloser Miene saß sie in einem Rollstuhl, ihr Blick leer und leblos. Die anderen Patienten in dem Aufenthaltsraum wirkten ganz ähnlich – ohne Leben, ohne Hoffnung. Ich kämpfte mit den Tränen, weil Muriel und Cathy mir so leidtaten. Vor ein paar Jahren ist meine große Schwester Bonnie an Krebs gestorben und ich vermisse sie sehr. Aber dieser »lebendige Tod« schien mir noch viel tragischer.

Cathy setzte sich neben Muriel und nahm sie lange und liebevoll in den Arm. Sie gab ihr einen Kuss und strich ihr die Haare aus dem Gesicht. Dann sagte sie Muriel, wie sie hieß und wie sehr sie sie liebte. Und obwohl keine Reaktion zu sehen war und kein Hinweis darauf, dass ihre Schwester sie erkannte, nahm Cathy Muriels Hand, sah ihr in die Augen und redete weiter, um ihr ihre Liebe zu zeigen.

Langsam, fast unmerklich, begannen Muriels Augen zu leuchten, als sie anfing, auf Cathys Liebe zu reagieren. Sie saß ein wenig aufrechter. Ein kleines Lächeln erhellte ihre Züge. Und die Liebe, die ich in Cathys Augen gesehen hatte, strahlte bald auch aus Muriels Augen.

Vielleicht wusste sie nicht, wie Cathy hieß, aber sie wusste, dass Cathy jemand war, der sie liebte und dessen Liebe sie früher erwidert hatte.

Es war ein heiliger Moment. So wie nach einer langen dunklen Nacht den Sonnenaufgang zu beobachten. Oder zu sehen, wie ein winterlich toter Baum langsam austrieb und blühte. Obwohl Muriels Verstand nicht mehr denken oder sich erinnern konnte, wusste ihre ewige Seele, was Liebe ist.

Und einige kostbare Augenblicke lang war Muriel wieder voller Leben.

Am liebsten wäre ich zu all den anderen Patienten im Raum gegangen, hätte sie umarmt und ihnen Liebe entgegengebracht, damit auch sie lebendig werden konnten! Aber natürlich tat ich das nicht. Ich hatte kein Recht dazu.

Aber ist es nicht das, was wir tun sollen? Sollen nicht gerade wir, die wir um die Schönheit und Freude wissen, die Gottes unerschütterliche Liebe uns schenkt, großzügig von seiner Liebe an die Menschen um uns herum weitergeben? Egal, ob sie darauf reagieren oder nicht? Ob sie diese Liebe erwidern oder nicht? Ich denke an all die »lebendigen Toten«, die ich jeden Tag sehe, die mit leeren Augen und hoffnungslosen Mienen durchs Leben gehen.

Was könnte geschehen, wenn ich eine Möglichkeit fände, ihnen näher zu sein, ihnen in die Augen zu sehen und ihnen zu sagen, wie sehr Gott sie liebt? Könnte ich mir das Recht dazu vielleicht durch Taten unverdienter Gnade und Freundlichkeit und durch selbstlose Opfer verdienen? Würden ihre ewigen Seelen vielleicht auf die Liebe reagieren?

So hat Jesus mir seine Liebe gezeigt, als ich »tot« war. Und wegen seiner Liebe bin ich jetzt lebendig durch das ewige Leben. Er muss sich doch danach sehnen, dass ich seine Liebe mit vollen Händen an andere austeile.

Gebet

Herr, öffne mir heute die Augen, damit ich sehe, wer deine Liebe braucht. Und dann gib mir den Mut und die Selbstlosigkeit zu lieben, wie du es tust.

54. Mit den Augen der Liebe

»Denn ich, der Herr, habe Erbarmen mit ihnen.
Ich bin ihnen von ferne erschienen
und habe zu ihnen gesagt:
›Ich habe euch schon immer geliebt,
darum bin ich euch stets mit Güte begegnet.‹«

JEREMIA 31,2-3

Ich erinnere mich noch daran, wie meine Großmutter mich angesehen hat, als ich klein war. Es spielte keine Rolle, ob meine Kleidung dreckig war oder mein Haar zerzaust. Wann immer sie mich ansah, war ihr Bick voller Liebe.

Jetzt, wo ich selbst Großmutter bin, verstehe ich ihre bedingungslose Liebe sogar noch besser. Meine Enkelin kann etwas total Süßes sagen oder einen Wutanfall haben; sie kann ein hübsches Kleidchen tragen oder ein schmutziges T-Shirt. Es spielt keine Rolle. An meiner Liebe ändert das nichts.

Ich bin davon überzeugt, dass Gott uns ebenso sieht – mit Augen der Liebe, wie meine Großmutter. Ihm gefällt vielleicht nicht immer, was wir tun – und wenn es nötig ist, bestraft er uns vielleicht auch –, aber unser Verhalten ändert nichts an seiner Liebe zu uns. Wir sind wertvoll, weil wir seine Kinder sind.

Und wie sehen Sie sich selbst? Sehen Sie sich mit den Augen unserer Kultur und lassen Sie andere entscheiden, was Sie wert sind, ausgehend von Ihrem Einkommen oder Ihrer Arbeit oder Ihrer Kleidung oder Ihrem Besitz? Wenn Sie das tun, dann legen Sie die falschen Maßstäbe an.

Unser wahrer Wert kommt von Gott. Er hat uns gezeigt, wie wertvoll wir für ihn sind, als er seinen Sohn Jesus opferte, damit wir sein Kind sein können. Er wird niemals aufhören, uns zu lieben, was auch immer geschieht. Glauben wir das?

Nehmen Sie sich einen Moment Zeit und schreiben Sie auf, wann und auf welche Weise Gott Ihnen seine Liebe gezeigt hat.

Stellen Sie sich vor, wie er Sie mit Augen der Liebe ansieht.

Und jetzt sehen Sie in den Spiegel und sagen Sie: »Ich bin eine schöne Frau, geliebt von Gott.«

55. Hausputz

»Durchforsche mich, o Gott, und sieh mir ins Herz,
prüfe meine Gedanken und Gefühle!
Sieh, ob ich in Gefahr bin, dir untreu zu werden,
und wenn ja: Hol mich zurück auf den Weg,
den du uns für immer gewiesen hast!«

PSALM 139,23-24

Oberflächlich betrachtet sieht mein Zuhause hübsch und ordentlich aus – meistens jedenfalls. Aber ich habe ein paar Lieblingsschränke und Truhen und Ecken, in die ich Sachen hineinstopfe. Sie wissen schon, all die Dinge, die man nicht braucht, aber nicht weggeben will. Also verstaut man sie so, dass man sie nicht sieht, und vergisst sie auf der Stelle. Neugierige oder ahnungslose Besucher öffnen diese Verstecke auf eigenes Risiko.

Weil ich keine Lawine oder eine Klage wegen Körperverletzung riskieren will, habe ich vor Kurzem all diese Ecken ausgeräumt. Um mich zu motivieren, hatte ich mir eine Sendung über Messis angesehen – und es hat funktioniert! Jetzt bin ich total motiviert für den Hausputz.

In der Sendung erfuhr ich, dass ich alles auf drei Haufen verteilen soll: das, was ich behalten will, die Sachen, die ich weggeben kann, und das Zeug, das in den Müll gehört. Es klingt ziemlich offensichtlich, aber es ist schwieriger, als man denkt.

Was einem anderen wie Müll erscheint, hat für mich vielleicht ideellen Wert – so wie die Bastelarbeiten, die meine Kinder mir zum Muttertag geschenkt haben. Oder Karten und Andenken an liebe Menschen. Oder Haushaltsgegenstände, die ich seit meiner Hochzeit habe, also seit mehr als vierzig Jahren. (Letztere haben hübsche Farben wie Avocadogrün und Orange und zählen inzwischen wahrscheinlich zu den Antiquitäten.)

Also begab ich mich an die Arbeit und machte stetige, wenn auch langsame Fortschritte. Diese Woche wird einiges auf dem Sperrmüll landen. Mit anderem kann das Sozialkaufhaus der Bibelmission vielleicht noch ein paar Dollar verdienen. Und die Reise in die Erinnerung, während ich mein Hab und Gut durchsah, war manchmal lustig, manchmal auch traurig.

Jetzt fühle ich mich leichter, freier. Und das war ja auch der Sinn der Übung. Vielleicht ist dies ja auch der richtige Zeitpunkt, meine Seele einem Hausputz zu unterziehen. Wir sollen »*alles ablegen, was uns in dem Wettkampf behindert … auch die Sünde, die uns immer wieder fesseln will*«, damit wir »*auch noch das letzte Stück bis zum Ziel durch-*

halten« (Hebräer 12,1) – da gibt es also in den kommenden Jahren noch eine Menge für mich zu tun.

Ich habe eine ganze Seite mit guten Neujahrsvorsätzen, die ich in dem jeweiligen Jahr umsetzen will. Ich habe diese Liste einmal in einer Zeitschrift gefunden. Dazu gehören:

- Fantastische Träume, Visionen und Ziele haben
- Mich an der Bewahrung der Schöpfung beteiligen
- Immer barmherzig sein
- Wunder suchen und erwarten
- Lebenspendende Worte sagen
- Nicht warten, bis ich irgendwann in Gottes Reich komme, sondern sein Reich jetzt auf die Erde holen
- Die Zerbrochenen heilen und trösten
- Ungeheuer kreativ sein
- Niemals aufgeben
- Tanzen, lachen, jubeln, leben, lieben

Ohne Gottes Hilfe kann ich nicht einen einzigen dieser guten Vorsätze in die Tat umsetzen. Und dafür brauche ich meinen eigenen, persönlichen »Hausputz«. Ich habe Ecken und Nischen in meiner Seele, die mit Müll gefüllt sind. Dinge, die ich so verstaut habe, dass niemand sie sieht, damit ich nach außen hin gut aussehe. Einstellungen und Angewohnheiten, von denen ich weiß, dass sie Gott nicht gefallen, die ich aber nicht aufgeben möchte. Ängste und Sorgen, die ich seit Jahren mit mir herumschleppe, anstatt sie Gott zu überlassen.

Diese Verstecke auszuräumen, macht viel Arbeit und braucht viel Gebet. Und Davids Gebet in Psalm 139 ist ein guter Anfang: »*Durchforsche mich, o Gott, und sieh mir ins Herz, prüfe meine Gedanken und Gefühle! Sieh, ob ich in Gefahr bin, dir untreu zu werden, und wenn ja: Hol mich zurück auf den Weg, den du uns für immer gewiesen hast!*« Schritt für Schritt, einen Gegenstand nach dem anderen, kann mein Seelenschrank geleert und gesäubert und mit guten Dingen gefüllt werden, die Gott zur Ehre gereichen.

Aber jetzt zurück an die Arbeit. Ich habe ein paar verborgene Gewohnheiten, die auf die Müllkippe müssen. Und was mache ich mit meinem orangefarbenen Fondueset?

Gebet

Himmlischer Vater, durchforsche mich und zeige mir die Dinge, die ich in meinem Herzen angehäuft habe – Dinge wie Bitterkeit, Unversöhnlichkeit, Selbstsucht und Selbstmitleid. Befreie mich von ihnen und schaffe in mir ein reines Herz, damit ich dir besser dienen kann.

56. Wohin?

»Er war es, der euch durch die große,
schreckliche Wüste geführt hat,
wo Giftschlangen und Skorpione lauerten.
In diesem ausgedörrten Land ließ er für euch Wasser aus
dem harten Felsen hervorquellen
und gab euch Manna zu essen,
das eure Vorfahren nicht kannten.«

5. Mose 8,15-16

Wäre es nicht herrlich, wenn in unserem Leben Warnschilder aufgestellt wären, die uns sagen, wann wir uns in Gefahr begeben? Beim Wandern in Israel habe ich ein Schild gesehen, auf dem »Gefährlicher Abgrund!« stand, und Sie können mir glauben – der Abgrund war riesig und ohne Geländer. Jeder unachtsame Wanderer hätte da hineinstürzen können.

Während ich an einer wichtigen Kreuzung in meinem Leben stehe, denke ich oft an diese Wanderung zurück. Ich wünschte, ich wüsste, welcher Weg der richtige ist und welche Gefahren und Herausforderungen auf jedem der möglichen Pfade warten, damit ich die beste Entscheidung treffen kann. Was, wenn einer der Wege mich in die falsche Richtung oder in eine Sackgasse führt? Oder gar in einen Abgrund?

Bei der Suche nach Rat erinnere ich mich an eine Wanderung in Israel. Wir waren in der Wüste Zin unterwegs. Die Israeliten wanderten auf ihrem Weg ins Gelobte Land durch dieselbe Wüste – und wollen wir nicht alle an dem Ort enden, an dem Gott uns haben will? Aber manchmal müssen wir zuerst durch trockene, problematische Regionen wandern.

Nur ein Narr würde sich ohne Reiseführer in die unwegsame Wüste begeben. Und ohne Wasser! Manchmal konnte man den Pfad kaum von der Umgebung unterscheiden und es wäre sehr leicht gewesen, sich zu verlaufen. Die Wanderung war anstrengend und die Sonne brannte erbarmungslos auf uns nieder, aber unser Reiseleiter versprach uns Schönheit – und ein paar Lektionen auf dem Weg. Und unsere erste Überraschung war eine Oase dort, wo wir sie am wenigsten erwartet hatten.

Während ich unserem Reiseführer folgte, fiel mir auf, dass alle in Sichtweite blieben. Niemand ließ sich zurückfallen oder verließ den Weg. Wir vertrauten ihm ganz und gar. Und wir erreichten ein herrliches Tal, mitten in der riesigen Wüste versteckt. Doch dann gerieten wir in eine Sackgasse. Der schmale Pfad, den wir genommen hatten, endete plötzlich vor einer hohen Felswand.

Inzwischen waren wir mehrere Stunden gelaufen und die Aussicht, in der sengenden Nachmittagssonne wieder zurückzulaufen, war ziemlich entmutigend. Vielleicht hatten wir uns verlaufen und unser Reiseleiter wollte es uns nicht sagen.

Er ließ uns eine Weile ausruhen und unseren Durst löschen. Und während wir das taten, sprach er davon, dass wir Gott vertrauen sollten, dass er uns durch unsere Wüstenzeiten führt, so wie wir ihm, unserem Reiseleiter, in dieser Wüste vertraut hatten. Er erklärte, dass wir in guten Zeiten ausreichend Wasser – Gottes Wort – in unseren Herzen tanken müssen, damit es uns durch die schlimmen Zeiten tragen kann.

Ja, wir waren in einer Sackgasse gelandet, sagte er. Und wie so oft, wenn wir im Leben in eine Sackgasse geraten, reagieren wir panisch und versuchen, uns selbst zu retten, indem wir einen Ausweg suchen, anstatt ruhig zu warten und auf Gott zu vertrauen. Das waren gute Lektionen. Aber was sollten wir jetzt in der Sackgasse in dieser Wüste tun?

Nachdem wir uns ausgeruht hatten, führte unser Reiseleiter uns näher an den Felsen heran. Und wissen Sie was? Er hatte den Ausweg die ganze Zeit gekannt. An der Wand zog sich eine Steintreppe hinauf! Es war keineswegs ein einfacher Weg – er war an manchen Stellen sogar furchterregend und ich hatte ganz weiche Knie! Aber nach einem belebenden Aufstieg kamen wir alle heil oben an – und dort stand unser klimatisierter Bus und wartete nur darauf, uns ins Hotel zurückzubringen.

Jetzt, wo ich an meiner persönlichen Wegkreuzung stehe, vertraue ich darauf, dass Gott mir helfen wird, den richtigen Weg zu wählen. Wenn ich mich von ihm führen lasse, wenn ich seinem Rat folge und dicht bei ihm bleibe, auch wenn das Terrain schwierig ist, dann finde ich vielleicht die eine oder andere Oase, die mich unterwegs erfrischen kann.

Bei der Vorbereitung meiner Reise tauche ich in sein Wort ein, um dafür zu sorgen, dass ich nicht irgendwann auf dem Trockenen sitze. Und auch wenn ich davon ausgehe, dass der Weg anstrengend wird, weiß ich auch, dass er nicht in einer Sackgasse enden wird. Irgendwann werde ich sicher ankommen – genau dort, wo Gott mich haben will.

»Voll Zuversicht hoffte ich auf den Herrn,
und er wandte sich mir zu
und hörte meinen Hilfeschrei.«
Psalm 40,2

Führt Gott Sie gerade durch trockene, unfruchtbare Orte? Was können Sie in der Wüste über das Vertrauen auf Gott lernen? Wenn Sie in eine »Sackgasse« geraten, werden Sie dann ruhig warten und darauf vertrauen, dass er Ihnen den Ausweg zeigt?

Gebet

Himmlischer Vater, danke, dass du für uns sorgst, selbst wenn wir in einer Wüste stecken. Hilf uns, deine Hand zu sehen, die uns den richtigen Weg weist. Hilf uns, dir zu vertrauen, dass du uns um deines Namens willen zu grünen Weiden führen wirst.

57. Kritik annehmen

»Gib mir dein Licht und deine Wahrheit!
Sie sollen mich zurückführen zu deinem heiligen Berg,
zu dem Ort, wo du wohnst!«

PSALM 43,3

Wie lange dauert es, ein Buch zu schreiben? Die Antwort hängt von dem Autor oder der Autorin ab, aber bei mir dauert der gesamte Prozess ein Jahr. Da ich historische Romane schreibe, beginne ich mit Recherchen und dieser Schritt macht mir unheimlichen Spaß. Ich lese gerne und sammele Hunderte von Fakten und Bildern und Ideen über eine bestimmte Ära und diese Informationen schütte ich dann in etwas, das ich »Geschichtensuppe« nenne. Aber der schönste Teil der Recherche ist, wenn ich an die Orte reise, über die ich schreiben will.

Die Recherchen bringen mich auf Ideen für meine Geschichten und der nächste Schritt im Prozess ist schöpferisch – indem ich die ganzen Rohstoffe nehme und sie zu einer Geschichte forme. Ich fange an, indem ich meine Figuren erschaffe, und ich befestige sogar Bilder, die meinen Vorstellungen von ihnen entsprechen, an einer Pinnwand bei meinem Schreibtisch.

Das ist der Teil vom Schreiben, der mir besonders viel Spaß macht. Ich kann meiner Fantasie freien Lauf lassen und meine Kreativität nutzen, um historische Tatsachen und Bilder in eine Geschichte zu verwandeln, die diese Ära für mein Publikum lebendig werden lässt.

Ich versuche, die Geschichte frei fließen zu lassen, und da ich vorher keinen Plan für den Roman mache, entsteht die Geschichte erst beim Schreiben. Allerdings bin ich eine ziemliche Perfektionistin und kann normalerweise dem Drang, das, was ich gerade geschrieben habe, gleich wieder zu lektorieren, nicht widerstehen. Oft beginne ich meinen Arbeitstag damit, dass ich die Seiten, die ich am Vortag geschrieben habe, noch mal lese (beim Schreiben kamen sie mir so toll vor!) und überarbeite, bevor ich mich an die nächsten Seiten mache. Wenn das Buch fertig ist, habe ich die Geschichte bestimmt ein Dutzend Mal neu geschrieben und überarbeitet.

Ich habe das Glück, Teil einer kleinen Gruppe von Autorinnen zu sein und meine Arbeit mit zwei ganz wunderbaren Frauen besprechen zu können – Jane Rubietta und Cleo Lampos, die beide schon viele Bücher veröffentlicht haben. Wir treffen uns jetzt seit 21 Jahren, und während sie mein entstehendes Projekt kritisch betrachten, werden meine Romane durch die Zusammenarbeit noch besser. In der Bibel heißt es nicht umsonst: »*Wie man Eisen durch Eisen schleift, so schleift ein Mensch den Charakter eines anderen.*« (Sprüche 27,17)

Wenn meine Rohfassung komplett ist, ist das Buch noch lange nicht fertig. Ich drucke das Manuskript immer aus, damit ich es auf Papier lesen und überarbeiten kann. Dann tippe ich meine Änderungen in den Computer für eine Endfassung. Inzwischen ist mein Abgabetermin meist schon gekommen und es wird Zeit, dass ich das Manuskript an meinen Verlag schicke. Ich wünsche mir immer, das wäre der letzte Schritt und ich könnte das Projekt abschließen und mit dem nächsten Roman anfangen. Aber so ist es nicht.

Meine Lektorin gibt das Manuskript mehreren Kolleginnen und Kollegen im Haus und sammelt ihre Anmerkungen und Überlegungen zusammen mit ihren eigenen in einem langen Brief mit Dingen, die ich beachten soll, wenn ich das Manuskript ein letztes Mal überarbeite. Ich gebe gerne zu, dass ich diesen Schritt am wenigsten mag und am liebsten völlig auslassen würde. Denn ich fühle mich dann immer wie in der Schule, wenn ich für eine Arbeit, in die ich viel Zeit investiert hatte, nur eine Zwei bekam und keine Eins mit Sternchen, wie ich gehofft hatte.

Tatsache ist, dass wir für unsere eigenen Fehler oft blind sind. Die Figuren und die Geschichte sind mir völlig klar, weil ich seit fast einem Jahr mit ihnen lebe, aber Außenstehende entdecken vielleicht fehlende Zusammenhänge oder Lücken in der Handlung, die ich füllen muss, oder einen Handlungsstrang, den ich nicht zu Ende geführt habe. Unvoreingenommene Leser entdecken diese Mängel viel besser, als ich selbst es kann. Deshalb habe ich gelernt, diese Anmerkungen zu schätzen, weil ich das bestmögliche Buch veröffentlichen will, auch wenn mein Stolz dadurch etwas angeknackst wird und ich nicht scharf auf Kritik bin.

Ich habe entdeckt, dass ich auch in meinem Glaubensleben andere Menschen brauche. Wir Amerikaner sind stolz auf unseren Individualismus, und wenn wir nicht aufpassen, kann sich diese Haltung auch auf unseren geistlichen Weg übertragen. »Mein Jesus und ich – mehr brauche ich nicht.« Aber das stimmt nicht.

Ich weiß, wie viel besser meine Arbeit wird, wenn ich sie mit guten Freundinnen und mit meiner Lektorin bespreche. Und wenn ich über meine geistlichen Kämpfe ebenso ehrlich spreche, kann ich davon auch profitieren.

Es fällt mir schwer, mir von jemandem »die Füße waschen« zu lassen, und noch schwerer fällt es mir, jemand anderen auf unsauberes Verhalten hinzuweisen, vor allem, wenn es jemand ist, den ich sehr schätze. Ich bewundere den Propheten Nathan für seinen Mut, König David zur Rede zu stellen, nachdem er mit Bathseba gesündigt hatte. Und ich bewundere die Demut und den Mut, mit dem David Nathans Tadel akzeptierte, weil er wusste, dass Gott dahintersteckte (siehe 2. Samuel 12).

Ob es um mein Manuskript geht oder um mein Leben – ich brauche andere Menschen, die von außen darauf sehen und mir helfen, auf dem richtigen Weg zu bleiben. Wenn ich mutig genug bin, um zu beten »*Durchforsche mich, o Gott, und sieh mir ins Herz* ...« (Psalm 139,23), dann sollte ich mich nicht wundern, wenn Gott eine Freundin in mein Leben schickt, die mich sanft wieder auf den Pfad der Tugend zurückführt.

Gebet

Herr Jesus, wir brauchen dich und wir brauchen einander. Danke, dass du Menschen in mein Leben stellst, die mich vor dir zur Rechenschaft ziehen. Vergib mir meinen Stolz, wenn ich Angst habe, um Hilfe zu bitten, oder wenn ich mich sträube, Rat anzunehmen. Halte meine Füße auf dem richtigen Weg um deines Namens willen.

58. Dexters Liebesgeschichte

»Von Anfang an habt ihr diese Botschaft gehört:
Wir sollen einander lieben. … Wie sehr Christus uns liebt,
haben wir daran erkannt, dass er sein Leben für uns opferte.
Ebenso müssen auch wir bereit sein,
unser Leben für unsere Geschwister hinzugeben.«

1. Johannes 3,11.16

Ich habe schon über meinen »Enkelkater« Dexter geschrieben – wie meine Tochter und ihr Mann ihn in Chicago von der Straße geholt haben. Wie ihre Geduld und Liebe ihn von einem aggressiven, fast wilden Tier, das sich mit keiner anderen Katze im Tierheim vertrug, zu einem geliebten Familienmitglied machten.

Ich habe auch über einige seiner Macken geschrieben – dass er gerne Katzenvideospiele spielt und dass sein Lieblingsspielzeug ein alter Schnürsenkel ist. Dexter hat mir schon einige sehr wichtige Lebenslektionen erteilt.

Jetzt beginnt ein neues Kapitel in Dexters Leben – und in meinem –, weil wir ein neues Baby in der Familie begrüßen.

Ich glaube, wir haben uns alle gefragt, wie dieser Raufbold von einem Kater mit einem Neugeborenen in »seinem« Territorium klarkommen wird, das mit ihm um die Aufmerksamkeit seiner Besitzer wetteifert.

Wir hätten uns keine Sorgen zu machen brauchen. Noch bevor das Baby geboren war, schien Dexter die Veränderungen neugierig zu beobachten. Wann immer ein neuer Gegenstand für das Baby auftauchte, war Dexter der Erste, der ihn ausprobierte. Er untersuchte sorgfältig jede Kiste und Tüte, die geliefert wurde. Auch der Kinderwagen wurde auf seine Sicherheit im Straßenverkehr hin überprüft.

Und jetzt ist auch das Baby da und Dexter ist der eifrigste Beschützer der Kleinen. Er hält respektvollen Abstand zu ihr, sitzt aber nah genug dabei, um auf sie aufzupassen.

Er schläft auf dem Bord unter ihrem Stubenwagen, während sie schläft, und legt sich neben die Babyschaukel, wenn sie darin liegt. Wenn sie in ihrem Autositz ist, steht er an der Tür, um auf sie achtzugeben. Es ist offensichtlich, dass er bereit ist, sie vor Gefahren zu beschützen.

Ich hatte meiner neuen Enkelin ein weiches Spielzeug mitgebracht, das an einen hohlen Baumstumpf erinnerte und verschiedene Plüschtiere enthielt – einen Waschbären, einen Bären, ein Eichhörnchen, einen Fuchs und einen gelben Vogel. Sie ist noch zu klein, um damit zu spielen, aber Dexter nicht.

Er hat herausgefunden, wie man all die Tiere herauszieht, und er bringt sie zu ihr und legt sie unter ihrem Stubenwagen auf den Boden oder trägt sie in das Zimmer, in dem sie gerade ist. Manchmal schleift er das ganze Ding zu ihr, vor allem, wenn sie weint.

Diese zärtliche, beschützende Seite von Dexter hat mir wieder einmal gezeigt, wie viel Macht die Liebe hat. Dieser Kater, den früher keiner mochte, hat sich nicht nur zu einem wunderbaren Haustier entwickelt, sondern er erwidert jetzt die Liebe, die ihm entgegengebracht wurde, indem er dem jüngsten Familienzuwachs seine Zuneigung erweist, obwohl die Kleine diese Geste noch nicht erwidern kann.

Ich frage mich, was wohl geschehen würde, wenn ich eine solche verändernde Liebe all den scheinbar unliebenswürdigen Menschen entgegenbringen würde, die ich kenne? Würden sie sich vielleicht auch so verändern wie Dexter? Würden sie auch lernen, andere zu lieben?

Jesus scheint zu glauben, dass sich dieses Risiko lohnt: »*Doch ich sage euch: Liebt eure Feinde und betet für die, die euch verfolgen! So erweist ihr euch als Kinder eures Vaters im Himmel. ... Wollt ihr etwa noch dafür belohnt werden, dass ihr die Menschen liebt, die euch auch lieben? Das tun sogar die Zolleinnehmer, die sonst bloß auf ihren Vorteil aus sind! Wenn ihr nur euren Freunden liebevoll begegnet, ist das etwas Besonderes? Das tun auch die, die von Gott nichts wissen. Ihr aber sollt in eurer Liebe vollkommen sein, wie es euer Vater im Himmel ist.«* (Matthäus 5,44-48)

Danke, Dexter, dass du mir gezeigt hast, wie Liebe sich vervielfacht, wenn wir sie teilen.

Gebet

Herr Jesus, du hast uns so oft gezeigt, dass wir andere Menschen lieben sollen, und trotzdem gehorchen wir dir oft nicht, vor allem, wenn diese »anderen« wenig liebenswert scheinen. Hilf uns, die Menschen um uns herum so zu sehen, wie du uns siehst. Hilf uns, sie so zu lieben, wie du es tust.

59. Kleine Wunder

»Für Gott ist nichts unmöglich.«

Lukas 1,37 (Gute Nachricht Bibel)

Ich muss Ihnen von einem der kleinen Wunder Gottes erzählen. Es ist eine wahre Geschichte. Wenn ich sie zum Teil eines Romans machen wollte, würde niemand diesen »Zufall« glauben.

Letztes Jahr war ich an Weihnachten bei einem Konzert in der Moody Church im Zentrum von Chicago zusammen mit zwei Paaren aus unserem Bibelkreis. Mein Mann Ken spielte bei diesem Konzert Solotrompete. Bevor die Musik anfing, sprach ich mit meiner Freundin Peggy über die Schmerzen, die sie nach einem Autounfall vor ein paar Jahren noch immer hatte. Ich erwähnte, dass meine 90-jährige Mutter, die es sich zur Aufgabe gemacht hat, für andere zu beten, auch für Peggy betete.

Plötzlich drehte sich der Mann vor mir, der mich nicht kannte, um und sagte: »Könnte Ihre Mutter bitte auch für mich beten?« Er erzählte, sein Name sei Shad – kurz für Shadrach –, und erklärte, er habe sehr starke Schmerzen und könne nachts kaum schlafen. »Wie heißt Ihre Mutter?«, fragte er. »Wenn sie für mich betet, bete ich auch für sie.« Wir unterhielten uns noch ein wenig, dann begann das Konzert und später sprachen Shad und ich nicht mehr miteinander.

Meine Mutter, die fast 1.000 Kilometer von mir entfernt lebt, betet jeden Morgen für ihre Töchter, Schwiegersöhne, zwölf Enkel samt Ehepartnern und ihre elf Urenkel – und für zahllose andere Menschen, von denen sie erfährt, so wie meine Freundin Peggy. Sie fügte Shad zu ihrer Liste hinzu und sie erzählte mir einmal, dass sie oft an ihn denken müsse – manchmal mitten in der Nacht – und dann für ihn betete.

Die meisten Gebete meiner Mutter werden auf wunderbare Weise erhört, aber es gibt auch Gebete, die sehr, sehr lange nicht beantwortet wurden. Sie bittet nur selten für sich selbst, aber ich wusste von einem bestimmten Anliegen in ihrem Leben und sie wartete geduldig auf Gottes Antwort – nur schien er nicht richtig zuzuhören.

Vier Monate nach dem Weihnachtskonzert war ich mit zwei Freunden am Ostersonntag wieder in der Moody Church, um zuzuhören, wie mein Mann während des Festtagsgottesdienstes spielte – ein herrliches musikalisches Erlebnis, bei dem ich mich jedes Mal fühle, als wäre ich im Himmel und würde die Engel singen hören. Als Mom hörte, dass ich wieder in diese Kirche gehen wollte, sagte sie. »Oh, vielleicht siehst du ja Shad wieder. Dann frag ihn, wie es ihm geht. Ich denke oft an ihn, wenn ich bete.«

»Unmöglich«, erwiderte ich. »Ihn zu finden ist, als würde ich eine Nadel im Heuhaufen suchen.«

Erstens konnte ich mich nicht einmal daran erinnern, wie er aussah, da er beim letzten Mal vor mir gesessen hatte und ich ihn eigentlich nur von hinten gesehen hatte. Und zweitens passen in den Saal dort fast 4.000 Menschen und an Ostern ist jeder Platz besetzt. Ich konnte mir nicht vorstellen, dass ich Shad erneut über den Weg laufen würde, vor allem, weil ich diesmal in einem ganz anderen Bereich der Kirche sitzen würde. Aber Mom zuliebe hielt ich an diesem Morgen halbherzig Ausschau und schaute auf die Namensschilder, die die Helfer der Gemeinde trugen. Vielleicht stand auf einem davon ja »Shad«.

Meine Freundin fragte, wen ich suchte, und ich erzählte ihr die Geschichte. Sie war auch der Meinung, dass es nahezu unmöglich war, einen Mann zu finden, an dessen Gesicht ich mich nicht erinnern konnte. Ich betete nicht einmal dafür, dass Gott mir helfen möge, ihn zu finden, weil ich eigentlich nicht glaubte, dass er ein so schwieriges Gebet erhören würde.

Wenige Minuten, bevor der Gottesdienst begann, hörte ich zufällig eine Unterhaltung hinter mir. Die beiden Männer, die miteinander sprachen, kannten sich nicht, also stellten sie sich vor. Einer von ihnen sagte: »Freut mich. Ich heiße Shad – kurz für Shadrach.«

Nein! Unmöglich! Direkt hinter mir?

Mit Tränen in den Augen fuhr ich herum und erinnerte Shad daran, dass wir uns an Weihnachten begegnet waren. Er erzählte mir, dass die Gebete meiner Mutter erhört worden waren. Ich staunte darüber, dass Gott ihn in einem Publikum von fast 4.000 Menschen genau hinter mir platziert hatte, und er sagte: »Wissen Sie, zuerst saß ich weiter hinten, aber dann habe ich gespürt, dass Gott mir sagte, ich solle weiter nach vorne gehen. Und es gab nur noch einen freien Platz – genau hinter Ihnen.«

Ich konnte es kaum erwarten, Mom anzurufen und ihr die Geschichte zu erzählen. Shad zu finden, war tatsächlich ein Wunder gewesen, aber ich glaube, das noch größere Wunder war, dass Gott dieses unmögliche Wiedersehen eingefädelt hatte, nur um seine treuen, manchmal entmutigten Beter zu ermutigen. Mom sollte auf persönliche, scheinbar unmögliche Weise erfahren, dass er sie liebte und jedes Wort hörte, wenn sie betete. Er hat wirklich alle ihre Gebete gehört, selbst die, die er nicht beantwortet hat.

Dieses Osterwunder war auch für mich gedacht. Ich habe keine Probleme damit, an Gottes große Wunder zu glauben, zum Beispiel die Weihnachtsgeschichte und das leere Grab – an jenem Morgen lobte ich ihn ja für das Wunder seiner Auferstehung von den Toten. Aber für die kleinen Dinge im Leben?

Gott war doch bestimmt zu beschäftigt, um all die winzigen Details zu organisieren. Ich habe selbst noch ein paar nicht erhörte Gebete, die schon ganz, ganz lange auf meiner Liste stehen. Aber wenn ich an die Menschenmenge in diesem Saal denke – mit noch mehr Menschen in einem zweiten Raum vor einer Videoleinwand –, kann ich nicht leugnen, dass Gott an diesem Auferstehungssonntag ein Wunder vollbracht hat. Nur er konnte den einen Mann, den ich suchte, auf den Platz genau hinter mir lotsen.

Mein »zufälliges« Wiedersehen mit Shad hat meinem Gebetsleben neue Energie gegeben. Und ich werde weiter für all die unmöglichen, unerhörten Anliegen auf meiner Liste beten. Weil der Gott, der zuhört, ein Gott nicht nur der großen, sondern auch der kleinen Wunder ist.

Gebet

Himmlischer Vater, vergib mir, wenn ich vergesse, dass du der Gott bist, dem nichts unmöglich ist. Danke für all die Wunder, die du in unserem Leben vollbringst, die großen wie die kleinen. Wenn unsere Gebete scheinbar nicht erhört werden, hilf uns, darauf zu vertrauen, dass gleich um die Ecke dein Wunder wartet.

60. Reisegefährten

»Zwei haben es besser als einer allein,
denn zusammen können sie mehr erreichen.
Stürzt einer von ihnen,
dann hilft der andere ihm wieder auf die Beine.
Doch wie schlecht steht es um den, der alleine ist,
wenn er hinfällt! Niemand ist da, der ihm wieder
aufhilft! ... Einer kann leicht überwältigt werden,
doch zwei sind dem Angriff gewachsen.
Man sagt ja auch:
›Ein Seil aus drei Schnüren reißt nicht so schnell!‹«

PREDIGER 4,10.12

Ich habe neulich Fotos von meiner Fahrradtour durch Europa angesehen, die ich im vergangenen Sommer gemacht habe, und bevor die Erinnerungen verblassen, möchte ich einige Dinge, die ich unterwegs gelernt habe, weitergeben. Meine Fahrradtour hing, wie der Leib Christi, von drei sehr wichtigen Personen ab – dem Anführer, dem Zwischenmann und dem Schlusslicht.

Der Anführer ist natürlich Jesus. Er kennt den Weg und all die Herausforderungen, denen wir begegnen werden. Er ist diesen Weg vor uns gegangen. Der Anführer kennt auch den Weg zu unserem Ziel – dem Hotel – oder zum himmlischen Haus seines Vaters, wo eine Wohnung auf uns wartet. Aber wir werden dort nicht ankommen, wenn wir ihm nicht folgen.

Unser Anführer auf der Fahrradtour hat uns ein paar ziemlich steile Strecken hinaufgescheucht und manchmal mussten wir durch schreckliche Städte mit viel Verkehr fahren. Es gab Zeiten, in denen ich ihm nicht folgen wollte. Aber ich wusste, wenn ich auf eigene Faust weitergefahren wäre, hätte ich mich verirrt. Jesus hat gesagt: »*Ich bin der Weg ... ohne mich kann niemand zum Vater kommen.*«

Der Zwischenmann kann jeder in der Gruppe sein (und natürlich auch eine Frau!). Wenn der Anführer an eine Kreuzung kommt, bei der es mehrere Möglichkeiten gibt, wendet er sich an die Person hinter ihm und sagt: »Ich brauche einen Zwischenmann.« Diese Person steigt dann ab und wartet an der Kreuzung, um den anderen zu zeigen, wo es langgeht. Wenn alle an ihm vorbeigefahren sind, fügt der Zwischenmann sich wieder in die Gruppe ein. Es ist eine wichtige Aufgabe.

Am ersten Tag der Fahrradtour wusste ich nicht, dass es jemanden geben würde, der dafür sorgt, dass alle den richtigen Weg nehmen, also versuchte ich, immer den Anführer im Blick zu behalten, und am Ende war ich völlig erschöpft. Auch wenn wir Jesus folgen, kann das bis zur Erschöpfung führen. Aber er gibt immer wieder Gliedern an seinem Leib den Auftrag, als Zwischenmann an wichtigen Kreuzungen zu stehen und in die richtige Richtung zu zeigen.

Wir müssen diese Reise nicht allein unternehmen. Jesus fordert uns auf, uns damit abzuwechseln, denjenigen zu helfen, die auf dem Weg ein bisschen hinterherhängen. Es bedeutet, dass wir bereit sein müssen und Gottes Wort und die Stimme des Anführers gut genug kennen müssen, um als Wegweiser zu dienen.

Am zweiten Tag unserer Tour wurde eine andere Teilnehmerin, die auch so neu war wie ich, gebeten, Zwischenmann zu sein, und als sie dachte, alle hätten die Kreuzung passiert, verließ sie ihren Posten. Wie sich herausstellte, waren vier Fahrer doch noch hinter ihr und sie verfuhren sich. Der Anführer ließ seine Herde wie der Gute Hirte am Wegrand warten, während er zurückfuhr, um die »Verlorenen« zu suchen und zu retten.

Das Schlusslicht ist genauso wichtig wie der Zwischenmann. Bevor es morgens losgeht, bittet der Anführer einen Freiwilligen darum, an diesem Tag das Schlusslicht zu sein. Das Schlusslicht bildet die Nachhut und wartet auf Trödler und diejenigen, die müde geworden sind.

Niemand ist gerne Letzter, aber ein gutes Schlusslicht

kümmert sich um seine Nachzügler und wartet geduldig auf sie. Wenn der Zwischenmann das Schlusslicht sieht, weiß er, dass alle an ihm vorbei sind.

Ich glaube, Jesus freut sich, wenn wir uns freiwillig als Schlusslicht melden und die Nachzügler im Blick behalten. Es ist schwer, Geduld mit denen zu haben, die langsam lernen oder die auf ihrem Weg immer wieder die gleichen Fehler machen. Wir haben oft keine Lust, uns von anderen aufhalten zu lassen. Aber ein gutes Schlusslicht sorgt sich ebenso wie der Gute Hirte um diejenigen, die verloren gegangen sind.

An einem Tag unserer Tour war ich eine von drei Personen in meiner zwölfköpfigen Gruppe, die noch auf altmodische Weise strampelten. Die anderen hatten E-Bikes mit Akkus und drei verschiedenen Assistenzstufen in ihrem Hilfsmotor. Ich war ziemlich stolz auf mich, weil ich die Strecke aus eigener Kraft bewältigte – bis wir an einen sehr steilen Anstieg kamen. (Immerhin waren wir in der Schweiz!)

Ich schaltete in den kleinsten Gang und plagte mich den Berg hinauf – immer noch stolz. Ich war beinahe oben – die Beine brannten, die Lunge keuchte – und sah dann, dass oben gar nicht oben war! Die Straße machte eine Kurve und der steile Berg ging dahinter weiter!

Ich konnte nicht mehr. Also musste ich absteigen und schieben. Die E-Bikes zogen an mir vorbei. Dann holte das

Schlusslicht mich ein. Der Mann hatte auch ein E-Bike. Ich sagte zu ihm, er könne oben auf mich warten, aber er sagte: »Nein, ich lasse dich nicht hier zurück.«

Stattdessen stieg er ab und ging neben mir her. Nach einer Weile sagte er: »Was hältst du davon, wenn du mein Fahrrad nimmst und ich deins?« In diesem Moment wusste ich genau, wie der Mann in dem Gleichnis Jesu sich gefühlt haben musste, als er zusammengeschlagen am Wegrand lag und der barmherzige Samariter ihm seinen Esel lieh! Ich schluckte meinen restlichen Stolz hinunter und nahm sein Angebot an. Und dann fuhr ich ganz entspannt bis nach oben!

Es ist nicht leicht, wenn man selbst derjenige ist, der Hilfe braucht. Besonders schwer fällt es mir zuzugeben, dass ich müde und wund bin und Gebete brauche. Aber der Anführer hat ein paar ganz besondere Leute im Team, die sich freiwillig für den Job des Schlusslichts gemeldet haben.

Sie begleiten uns, wenn der Weg schwierig wird – wenn wir sie darum bitten. Und ich muss auch bereit sein, selbst anderen zu helfen, die müde sind, und sie auf ihrem Weg begleiten.

Unsere Reise als Jünger Jesu ist genauso aufregend wie meine Fahrradtour. Und von den Gipfeln aus gibt es tolle Ausblicke!

Der beste Rat, den ich geben kann, ist: »*Verlass dich nicht auf deinen eigenen Verstand, sondern vertraue voll und ganz dem Herrn! Denke bei jedem Schritt an ihn; er zeigt dir den richtigen Weg …*« (Sprüche 3,5-6).

Viel Spaß auf der Reise!

Noch ein Wort zum Schluss

Danke, dass Sie mich auf dieser Reise begleitet haben, während ich meine Geschichten erzählt habe. Ich hoffe, die vielfältige Art und Weise, wie ich Gott in meinem Leben am Werk gesehen habe, ist Inspiration und Herausforderung für Sie. Gott wirkt im Leben eines und einer jeden von uns, wenn wir die Augen aufmachen. Er zeigt uns seine Liebe und hilft unserem Glauben zu wachsen.

Jetzt, wo Sie dieses Buch zu Ende gelesen haben, möchte ich Ihnen noch drei Übungen empfehlen. Sie haben mir geholfen, Gott im Laufe der Jahre immer näherzukommen.

Erstens führe ich ein Gebetstagebuch, in das ich Menschen und Situationen eintrage, für die ich bete. Das hilft mir, mich an konkrete Gebetsanliegen zu erinnern, wenn ich während meiner Stillen Zeit bete. Aber ich lasse nach jeder Bitte auch Platz, um aufzuschreiben, wie und wann Gott diese Gebete erhört hat. Ich staune immer wieder, wie Gott die Dinge, für die ich gebetet habe, irgendwann nach seinem Plan perfekt gelöst hat. Dieses Tagebuch dient als Erinnerung an seine Treue vor allem während der schwierigen Tage, wenn ich nicht einmal weiß, wie ich beten soll.

Zweitens empfehle ich, dass Sie aufschreiben, wo in Ihrem Leben Sie Gott entdecken. Das sind die Augenblicke und Orte, an denen Sie Gottes Hand gesehen haben oder an seine Liebe erinnert wurden. Vielleicht ist es so etwas Einfaches wie die Blumen in Ihrem Garten, an denen Sie seine grenzenlose Kreativität wahrzunehmen. Es könnte ein freundliches Wort sein, das Ihnen jemand gesagt hatte, als Sie es brauchten. Dieses Andachtsbuch beschreibt einige Situationen, in denen ich Gott in meinem Leben entdeckt habe. Wenn Sie solche Dinge aufschreiben, können Sie sich an seine Güte erinnern, wenn er Ihnen sehr fern erscheint.

Und schließlich, drittens, ermutige ich Sie, Bibelverse aufzuschreiben, die Ihrem Glauben beim Wachsen helfen. Bewahren Sie sie an einem Ort auf, an dem Sie sie regelmäßig lesen und auswendig lernen können. In der Bibel steht: »*Dein Wort ist wie ein Licht in der Nacht, das meinen Weg erleuchtet*« (Psalm 119,105). Gottes Wort gibt uns Orientierung und Weisheit, wenn wir sie brauchen. Die Bibel gehört auch zur Rüstung jedes Christen, um sich gegen den Feind zu wehren. Gottes Wort ist unser »Schwert« (siehe Epheser 6,10-18). Wir müssen gut gerüstet sein.

Und jetzt, wo wir am Ende unserer gemeinsamen Reise angekommen sind, möchte ich Ihnen diesen Segen aus der Bibel auf Ihren weiteren Weg mitgeben:

»Der Herr segne dich und behüte dich!
Der Herr blicke dich freundlich an und sei dir gnädig! Der
Herr wende sich dir in Liebe zu
und gebe dir Frieden!«

4. Mose 6,24-26

Mehr von der Autorin

Oasenzeiten

Wie ich auf den Spuren Jesu neue Hoffnung fand

ISBN 978-3-86827-573-5

288 Seiten, Paperback

auch als E-Book erhältlich

»Ich glaube, ich bin Gott ein bisschen böse, weil es nicht so gekommen ist, wie ich es mir immer ausgemalt habe.«

Durststrecken und Dürreperioden kennt jeder Christ, auch die Bestsellerautorin Lynn Austin. Ihr Leben hat innerhalb kürzester Zeit eine andere Richtung eingeschlagen als die geplante. Auf einer Reise durch Israel will sie innehalten und Gott neu begegnen. Dabei besucht sie viele biblische Stätten, beschäftigt sich intensiv mit der Bibel und macht ganz erstaunliche Entdeckungen, die sie mit ihren Lesern in zwölf Kapiteln teilt.

Inspirierendes bei Francke

Christina Ott
unvollkommen glücklich
Vom Mut, ich selbst zu sein
ISBN 978-3-96362-173-4
288 Seiten, Paperback
auch als E-Book erhältlich

Wer bin ich? Was prägt mich? Bin ich »gut genug«? Was darf noch werden in meinem Leben? Das Buch macht Mut, sich Fragen wie diesen zu stellen. Es lädt ein, glücklich zu sein, weist Wege zur Gelassenheit und ermuntert, ein fröhliches »Ja« zu sich selbst zu finden.

Debora Sommer

Blühe dort, wo du gepflanzt bist

ISBN 978-3-96362-019-5

256 Seiten, Klappenbroschur

auch als E-Book erhältlich

Debora Sommer hat sich aufgemacht, dem Geheimnis blühenden Lebens auf die Spur zu kommen. Ihre Entdeckung: Aufblühen ist jederzeit möglich. Ungeachtet der Lebensumstände. Allerdings gibt es einige Faktoren, die das Blühen hindern, und andere, die es fördern. Mit Fragen zum Weiterdenken.

Debora Sommer

Im Herzen ist Raum für mehr

Sehnsucht als Lebenskraft entdecken

ISBN 978-3-96362-141-3

256 Seiten, Klappenbroschur

auch als E-Book erhältlich

Wieso hört das Herz nie auf, sich zu sehnen? Woher kommt das diffuse Gefühl, dass es mehr geben muss? Was hat Gott damit zu tun? Und wie können wir Sehnsucht in Lebenskraft umwandeln? Ein Buch voller faszinierender Aha-Momente. Mit Fragen und Impulsen zum Weiterdenken.

Holley Gerth

Du bist mein Alles

52 Einladungen, sich neu in Gott zu verlieben

ISBN 978-3-96362-091-1

208 Seiten, Kunstledereinband

auch als E-Book erhältlich

Brot des Lebens, Ratgeber, Tränenfänger: 52 inspirierende Andachten erschließen das faszinierende Wesen Gottes anhand der verschiedenen Namen, die er in der Bibel trägt. Ein Einladung, sich ganz neu in Gott zu verlieben.

Paul E. Miller

Betend leben

Wie Sie in jeder Lebenslage
mit Gott im Gespräch bleiben

ISBN 978-3-86827-680-0

342 Seiten, gebunden

auch als E-Book erhältlich

Wir müssen mit Gott nicht in formelhaften Phrasen oder frömmelndem Tonfall reden. Sondern wie ein Kind mit seinem Vater. Wer sich darauf einlässt, erfährt eine neue Tiefe in seinem Glaubensleben. Davon zeugen ergreifende Erlebnisse aus dem Familienleben von Paul Miller.